한울-시앙스포 총서

HANUL/SCIENCES PO BOOKS

# 총서를 펴내며

이 총서는 무엇보다도 우리의 현실세계에서 논의되는 큰 문제들에 관심을 갖는 일반 독자들을 위해 출간되었다. 그런만큼 이 총서는 저자들의 면모나 소재면에서 프랑스 사회만의 문제가 아니라 유럽과 전 세계의 문제들을 대상으로 하고 있으며, 시앙스포 출판부 나름대로의 방식으로 대중의 대논쟁에 참여하고자 기획·집필된 책들이다.

따라서 이 총서의 목표는 지식인들이나 대학교수 및 연구자들에게 정치, 경제, 사회 전반에 걸친 본질적인 문제들에 대해 생생한 관점을 제공하는 데 있다. 물론 여기에서 관점이란 저자들이 충분한 숙고와 연구 끝에 얻어낸 것이다.

시앙스포 출판부는 여론을 선도하는 전문인들의 영역으로만 논쟁을 한정짓지 않으려고 노력함으로써, 까다로운 사회과학도 스스로의 한계에서 벗어나 사회적 효용을 가질 수 있음을 보여주고자 한다. 사회과학다운 엄정성을 지키면서도 무거움을 버리고, 여론 마케팅의 함정에 빠지지 않고도 시대의 문제에 관심 있는 시민들이 접근할 수 있는 내용을 갖춘다면, 사회과학도 명확하고 간결하게 시대를 증언할 수 있고, 나아가 상투성을 극복하고 편의성의 허상을 폭로할 수 있는 것이다.

비평적 도구와 기술적 예시의 무거움을 덜어내고 지루하지 않도록 짜여진 각 권의 내용은, 학술적인 종합이 아니라 지식인 공동체가 언제라도 활용할 수 있는, 명쾌하고 직접적인 표현으로 되어 있다.

백과사전적인 지식의 나열을 지양하고 현실에서 제기되는 쟁점을 집중적으로 탐구하는 이 총서는 불필요한 군더더기 없이, 지나친 단순함이나 지나친 난삽함을 벗어나 진정한 의미의 대중적 논의 마당을 열어보이고자 한다. 그리하여 이 총서는 진정한 참여의 문화를 건설하고자 부단히 노력한다.

- 편집기획위원

베르트랑 바디, 장-바티스트 부아예, 장-뤼크 도메나크,
마리-프랑수아즈 뒤랑, 세르주 위르티그, 알랭 랑슬로,
자크 르카쉐, 티에리 르테르-로베르, 미레이으 페르슈,
도미니크 레니에, 르노 생솔리외, 크리스토프 드 보그드

시앙스포 출판부

한울-시앙스포 총서 2

# 세계화

·

올리비에 돌퓌스 지음
최혜란 옮김

한울

# 한국어판 감수의 글

민주사회가 민주시민을 만드는가, 민주시민이 민주사회를 만드는가? 분명한 것은, 민주주의란 단순히 고정된 사회제도가 아니며, 안정과 발전을 위해 시민들의 각성과 참여를 요구한다는 사실이다. 각성된 시민들의 지속적인 정치참여만이 민주사회의 기초를 튼튼히 다지고, 안팎의 변화에 맞춰 개별 사회에 알맞는 민주질서를 형성해간다. 민주화의 첫단계를 지나 좀더 발전된 민주사회를 이룩하려는 우리 사회에서 시민들의 각성과 참여를 가능케 하는 시민사회 차원의 노력은 무엇보다도 중요하다. 한울-시앙스포 총서는 이러한 노력의 하나로 기획되었다.

'세계화'로 불리는 20세기 말의 세계질서 재편과정에서 지구상의 모든 국가, 공동체, 개인은 서로 연결되어 있으며 지구촌 전체의 변화로부터도 자유롭지 못하다. 따라서 자신의 사회질서를 발전시키려는 지구촌의 모든 구성원들은 급변하는 세계질서에 따라 자기 자신의 생활공간과 사회제도를 새롭게 구축해야 한다. 현실세계에 대한 올바른 이해와 깨어 있는 의식에 바탕을 둔 지구촌 구성원들 각자의 노력이 모아져서 개별 사회질서와 세계 전체의 질서는 사람이 살 만하게 바뀔 수 있다. 이 총서의 주제들은 세계를 이해하고 변화시켜 나가려는 지구촌 구성원들이 꼭 알아야 할 현실문제들이다.

이 총서에서는 대중의 관심을 끌고 있지만 잘 정리되어 있지 않은 사회과학의 여러 분야에 걸친 문제들이 대중성과 전문성의 적절한 균형 속에서 다루어지고 있다. 미국 중심의 세계질서 재편이 이루어지고 있는 현실에서, 그리고 미국의 영향을 직접 받고 있는 우리 사회에서 프랑스 지식인들이 민주주의와 세계질서 재편을 포함한 현대세계와 관련된 주요한 쟁점들에 대해 보여주는 이해와 비판은 우리 자신의 문제를 좀더 폭넓은 관점에서 바라볼 수 있게 해준다. 그러나 정치, 경제, 문화 각 분야에서 나타나는 우리 사회와 프랑스 사회의 차이는 주제에 따라 엄청난 시각차를 일으킨다. 따라서 이 총서는 독자들의 이해를 돕고 우리 나름대로의 관점을 찾기 위해 각 권마다 해설을 덧붙였다.

다양한 현실문제들을 다루고 있는 한울-시앙스포 총서가 우리 사회에서 건전한 시민문화를 형성하고, 나아가 세계화 시대를 함께 살아가는 인류공동체의 진보에 기여할 수 있게 되기를 바란다.

박순성(동국대 교수, 경제학)

# La mondialisation

### Olivier Dollfus

Presses de Sciences Po

Paris, 1997

La mondialisation
by Olivier Dollfus

한울-시앙스포 총서 2

# 세계화

# 세계화 ■ 차례

9

차례

11

# 서론—세계화의 의미

## '세계화'란 무엇인가

  '세계화'(mondialisation)라는 단어는 상반되는 여러 가지 의미와 가치를 지닌 채 곳곳에서 두루 쓰이고 있다. '희생양'이 되는 단어나 개념들이 있는데, 세계화라는 단어도 그 가운데 하나이다. 사람들은 때로 이 단어를 나쁜 뜻으로 쓴다. 더구나 이 말은 모호하고 '얼굴'이 없는, 포괄적이고 뚜렷하지 않으며 이름도 없는 어떤 현실들을 함축하기도 하기 때문에 더욱 그렇게 쓰기가 쉽다. 예컨대 어떤 이들은 실업(失業)의 책임이 부분적으로는 세계화에 있다고 말한다. 또 어디서부터 누구에 의해 강요된 것인지 잘 알 수 없는 채로 세계가 획일화되어 가는 것이 세계화 때문이라고도 한다. 또 다른 이들은—때로 이들이 위와 같이 말하는 바로 그 사람들인 경우도 있다—지리적 거리가 더 이상 장애물 구실을 못하게 되고 정보가 일반화되면서 사람들과 지역들이 서로 가까워지는 현상과 관련지어 세계화란 바로 '지구촌'의 개념이라고 생각한다. 또한 장벽들이 무너지는 것, 사람들이 인류 공동의 가치를 차츰 더 잘 인식해 가는 것도 세계화이다. 뿐만 아니라 과학의 진보가 가져온 혜택이 전세계로 파급되는 현상, 인류 공동의 유산을 지정·보호하는 사업도 세계화이다. 이처럼 세계화라는 단어와 그 실제 과정들이 중시되는 것을 보면, 사람들은 어느 곳에 살든 스스로 세계화에 관련된다고 느끼는 것이 분명하다. 모든 의견은, 심지어 도가 지나친 의견조차 사실은 어떤 근거를 갖게 마련이다. 사물의 참모습을 파악하기 위해서는 비난하거나 칭찬하는 표현을 넘어서 좀더 멀리 보는 것이 마땅할 것이다. 신화의 너울을 벗겨야 할 용어들이 있는데, 세계화라는 용어도 그중 하나이다.

## 현재 상황의 예외성

서로 다른 지역들 사이의 교류가 널리 일반화된 현상이 세계화이다. 이때 세계라는 공간은 이제 인류 전체가 참여하는 상호교류의 공간이다. 범지구적 교류가 이같이 발달함에 따라 성장과 변화도 이에 발을 맞춘다. 인류가 지난 한 세기, 특히 최근 50년 동안만큼 급속한 변화를 겪은 적은 역사상 한번도 없었다. 어디서나 성장을 볼 수 있었다. 50년 동안 지구상의 인구는 3배로 늘었고, 연령별 인구분포도의 형태도 계속 바뀌었으며, 평균수명이 길어진 한편 출산율은 낮아졌다. 도시들도 성장하여 20세기 중반에는 7억 5천만이던 도시인구가 50년이 지난 지금은 30억으로 늘었다. 재화와 서비스의 교류도 늘어났는데, 단지 교류의 빈도수만 늘어난 것이 아니라 이전과는 다른 다양한 상품들이 교류되기에 이르렀다. 정보의 흐름은 대대적이며 즉각적이다. '디지털화'(numérique)가 실현되어 영상, 음향, 기호 등이 모두 동일한 형태로, 또 광속이라는 엄청난 속도로 유포될 수 있는 세상이 온 것이다. 그리하여 비물질적인 것, 심지어 가상적인 것이 물질적인 것을 압도하는 일이 비일비재하게 되었다.

현재 전세계 독립국가의 수는 2차대전이 끝나고 국제연합(UN)이 창설되던 시점에 비해 3배 이상 늘었다. 1946년에 51개국이던 것이 지금은 184개국으로 늘어났다. 식민지가 해방되고 구소련이 붕괴하면서 신생독립국이 무더기로 탄생한 것이다. 그러나 어떤 국가들은 국제사회에서 자신의 존재와 지위를 인정받지 못하고 있으며, 또한 그들이 국가로서 수행해야 할 임무 역시 변질되고 있다. 몇몇 국가는 아예 국가로서의 기본적인 책임조차 이행할 능력이 없는 실정이다. 역사상 가톨릭과 이슬람 교도들이 지구상에 이렇게 많이 존재한 적이 없었고, 이토록 많은 종파들이 난립한 적도 없었다. 전세계가 온통 획일화될 것이라는 예고에 대한 반작용으로 정체성을 찾자는 움직임이 지금처럼 격렬하고도 공격적으로 번진 적은 없었다. 그 정체성이 문화적인 것이든, 언어적인 것이든, 또는 종교적인 것이든 상관없이 말이다. 그러니까 겉보기에는 거대한 몇몇 하부구조들에 의해, 또는 대량생산으로 넘쳐나는 대중적 상품—블루진에서 컴퓨터에 이르기까지—의 유포에 의해, 나아가 복장의 유행이나 영어라는 하나의 언어에 의해 세상 어디를 가더라도 똑같이 되어버리는 것 같지만, 한편으로는 긴장 속에 있는 여러 상황의 다양성도 엄연히 존재하는 것이다. 분쟁이나 사건들이 너무도 되풀이되다보니 이제는 진부한 것이 되고 말았지만, 과거에 비해 더 잘 알려지게 되었다(어쨌든 사람들은 그렇다고 믿는다). 분쟁과 사건들은 사람들이 저녁 먹을 시간에 맞춰 텔레비전 뉴스를 통해 제공되는 단골 메뉴인 것이다. 이처럼 서로 모순되는 여러 모습들, 그리고 분산되고 제한된 정보의 홍수 속에서 '정신을 바짝 차릴' 필요가 있다. 즉 이런저런 사건들을 그 배후의 역사적 상황과 지리적 공간 속에 다시 위치짓고, 다른 사건들과 관련지어서 보아야 한다. 우리가 인식할 수 있는 그대로의 세계에 대해 좀더 비

16

판적이며 분명한 의식이 담긴 시선을 가져야 한다는 말이다.

## '세계의 전복'을 향해서?

금세기가 끝나가는 오늘날 인류에게 던져지는 근본적인 물음이 하나 있다. 세계화는 현재 그 마지막 순서인 범지구화(globalisation) 단계에 와 있다. 이 단계에서 세계화는 세 가지 특징을 보여준다. 첫째는 정보-즉 경제로부터 독립적인, 그렇지만 경제를 지배하는 금융영역-의 즉각성(instantanéité)이다. 둘째는 대기업들의 다국적화, 셋째는 경제정책의 기반이 되는 신자유주의 이념이다. 그렇다면 범지구화는 차이들을 파괴함으로써 미셸 보(Michel Beaud, 경제학자, 파리 7대학 교수-옮긴이)가 시사하듯 '세계의 전복'을 초래하는 '가속화 속의 가속화들'에 대한 책임을 져야 하는가? 바로되먹임작용(rétroaction positive)*의 중첩으로 인해 '세계-체계'(système-monde)**는 망가져 가고 있는 것인가? 바로되먹임작용은 재조직에 앞서 일어나는 '파국'(catastrophe, 체

---

  * 상호관련된 두 현상(요소, 변수) 간에 상호작용으로 인해 안정적인 상태에서 불안정한 상태나 다른 상태로 나아가는 작용. 영어로는 positive feedback. 마이크와 스피커를 가까이 두었을 때 잡음이 생기는 현상을 그 예로 들 수 있다.
    이하의 각주는 모두 옮긴이 주이다-옮긴이.

계의 관점에서 본 파국, 즉 한 체계에서 다른 한 체계로 가는 이행과정을 의미한다)을 결국 유도하는 것이 아닌가? '세계의 전복'이라는 근본적인 물음은 이처럼 광범위한 문제들을 내포한 채 해답을 기다리고 있다. 이 책은 비록 미래의 시나리오를 짜는 것이 목표는 아니라고 할지라도, 미래에 관한 성찰을 진전시키는 징검다리는 될 수 있을 것이다.

** '세계-체계'란 세계 전체를 하나의 거대한 체계로서 간주한 개념으로, 지역의 맥락을 보는 새로운 시각이다. 지리학계 일부에서는 세계체제라 번역하기도 한다. 세계는 상호관련성을 갖는 사회적, 문화적, 경제적, 정치적 활동으로 구성되는 체계로 이해되며, 구체적인 예로 경제적 활동이 구성하는 '세계-체계'는 상호연계된 각종 시장망의 형태로 분석된다.

# 1
## 관점과 방법론

성장 곡선과 통계 수치 그리고 성장률 등으로 표시되는 전체적 성장을 확인하는 것과, 그 성장이 지리적 공간에 위치하고 있는 사회나 개인에게 구체적으로 어떠한 영향을 미치는가를 분석하는 것은 전혀 별개의 문제이다. 그렇다면 다양한 인간집단 속에서 세계화가 어떻게 '내부화(內部化)' 되고 있는지를 연구해 보아야 한다. 세계화 과정이 보여주는 모든 특성들을 제대로 이해하기 위해서는 무엇보다도 그 과정이 진행되고 있는 곳의 지역적 상황을 잘 알아야만 하는 것이다. 오늘날 세계는 모든 지리적 공간에 대해 주변환경으로서 작용한다. 세계는 각 공간에 스며들어 그 공간을 활용하고 거기에서 초래되는 결과에 따라 세계 스스로도 성장하게 되는 것이다. 세계라는 공간은 일종의 '초(超)공간'(méta-espace), 다시 말해 다른 모든 공간들을 한꺼번에 포용하는 유일한 공간인 셈이다. 그러므로 세계화를 하나의 총체로 놓고 분석할 수도 있지만, 얽히고 설킨 연결망들의 조직과 그 조직의 계층구조를 통해 지구상의 각 지역들을 하나로 결합시키는 흐름에 의해 세계가 움직인다는 것을 염두에 둔 채로 각 지역의 상황을 변화·발전시키는 요인으로서 분석할 수도 있다.

만일 몇십 년 전의 마르크스주의자라면 '최종심급'(dernière instance)을 운위했겠지만, 그 어떤 '최종심급'도 오늘날과 같은 세계화 상황 속에서는 결코 과거처럼 특권을 누리지 못한다. 세계화는 총체적 현상으로서 경제, 정치, 군사, 사회, 문화 등 모든 분야를 포괄하며, 이 분야들 사이에 일어나는 상호작용뿐만 아니라 각 분야의 고유한 내적 질서까지도 포괄하고 있다. 세계화, 그것은 시장경제나 자본주의와 동일시될 수 없다. 비록 지난날 자본주의가 세계화 과정을 광범위하게 추진·지원한 것이 사실이고, 또 20세기 말에 상품화가 일반적 현상이 되면서 모든 것이 상품화되고 있으며, 자유주의가 어느 곳에서나 두루 적용되는 교의(敎義)로 여겨지고 있는 것도 사실이기는 하지만 말이다. 만일 지난 1950년대에 공산주의가 모든 것을 통제하는 경제체제가 지구 전역에 퍼졌더라면 세계화의 양상은 틀림없이 달라졌을 것이다. 인류는 지금과는 다른 세계화의 틀 속에서 살았을 것이다. 그러나 어쨌든 그것도 하나의 세계화였을 것 아닌가! 만일 지금부터 한 세기 뒤에 자본주의가 쇠락하고 어떤 다른 형태의 경제체제가 자리를 잡고 일반화된다고 해도, 개개 사회가 고립되어 있던 과거의 상태로 되돌아간다는 것은 상상하기 힘들다. 비록 세계화가 현재의 세력관계, 사상, 기술체계를 반영하고 있고, 현재로서는 자본주의, 시장경제, 신자유주의, 최고의 생산성을 추구하는 기술체계 등이 이 세계를 특징짓고 있지만, 세계화는 체제와 이념을 넘어서는 우리 시대의 현실인 것이다.

## '결과이면서 동시에 원인'인 세계화

인류 사회의 다양한 부분들을 서로 연결짓는 것, 이것이 세계화의 요체이다. 그러나 그것만으로 변화와 개혁을 모두 설명할 수는 없다. 그것은 세계화의 기본요소 중 하나이며, 필요조건이지 충분조건은 아닌 것이다. 여기서 한 가지 정확히 짚고 넘어가야 할 점이 있다. 인류의 구성원들 사이에 발생하는 상호교류가 일반화되도록 하는 전체 과정으로서 이루어지는 세계화는 하나의 '총체적 사실'이다. 파스칼이

라면 세계화를 두고 '결과이면서 동시에 원인'이라고 말했
을 것이다. 그것은 오늘날 흔히 말하듯 상호작용에 의해 진
행되고 작용한다. 그러므로 세계화는 여러 체계의 조합(組
合)이라고 분석할 수 있다. 좀더 구체적으로 설명하자면, 세
계화는 세계 전체를 대상으로 전개될 활동들을 구상하고 그
활동들을 공간적으로 어떻게 분포시킬 것인가를 설계하는
과정을 통해 진행된다. 거기에는 정책구상, 사업자들의 구
상, 정신적 지도자나 집단들의 구상이 모두 포함된다. 세계
화는 결국 이러한 구상들을 실현시키고 재정적으로 뒷받침
하고 관리하기 위해 각종 물적·지적 수단을 동원함으로써
가능해지는 것이다. 구상들이 실현될 수 있도록 뒷받침해주
는 기술의 발달과 그 구상들을 창안해내는 연구활동도 세계
화에 없어서는 안될 요소들이다. 그러나 '결과이면서 동시
에 원인'인 이 활동들이 이루어지는 곳의 지역적 상황은 바
로 그 활동들로 인해 점차 변화하며, 그에 따라 그 활동들이
수행되는 장소도, 또 그 활동들이 이루어지는 공간도 변하
게 된다.

　인간에게 가장 기본적인 경제활동 분야인 농업을 예로
들어보자. 세계화는 식물과 동물의 교류뿐만 아니라 질병의
교류까지도 가속화시켰다. 유럽인이 아메리카 대륙을 정복
한 일만 상기해보더라도 이는 충분히 이해할 수 있는 사실

이다. 소와 양 따위 목축용 가축들의 신대륙 유입이나, 인구 밀도가 극히 낮은 광활한 대지를 점유하는 데서 오는 어려움을 해결해준 말[馬]의 역할 등을 생각해보더라도 마찬가지다. 한편, 밀과 개자리속(屬) 식물을 비롯한 각종 작물들이 도입되어, 남아메리카 안데스 산맥 지방의 농업생산 체계 속에 자리잡게 되었다. 반면에 옥수수, 감자, 매니옥(열대 지방에서 재배되는 고구마와 유사한 구근작물―옮긴이) 등은 유럽과 아시아 등으로 전파되었다. 새로운 생산체계가 개발되어 식민지에는 대규모 농장에서 원주민의 노동력을 이용해 사탕수수와 카카오를 재배하는 플랜테이션이 뿌리내리게 되었다. 플랜테이션이 커피와 면화로까지 그 범위를 넓혀가자 아프리카 원주민들은 불행하게도 노예로서 노동력을 제공해야 했고, 아메리카 땅에서는 플랜테이션을 경영하는 농장 주변에 이들 노예 인구를 구성원으로 하는 새로운 사회가 형성되었다. 아메리카 대륙의 사례 이후에도 세계화는 전세계의 농업과 농업 종사자들에게 꾸준히 간접적인 영향을 미치고 있다. 세계화에 따른 인구의 증가는 농산물 생산의 증가를 요구하고, 도시의 성장은 정규적인 식료품 공급과 시장의 조직화를 요구한다. 성장에는 생산량 증가와 생산성 향상이 필요하다. 이는 유전학(식물종자의 새로운 변종들과 동물의 새로운 종들), 화학(비료와 살충제), 기계학(점점 더 정교해지는 농기계들), 그리고 신용대출의 확대 등과 연결된 농업생산체계의 진보 덕분에 가능해졌다. 이 과정의 마지막 결과로서 농산물 시장이 만들어지고, 다종다양한 상품들을 '쥐고' 있는 식품산업의 중요성이 차츰 더 부각되고 있다. 지금까지 살펴본 내용은 모두 수천 년을 내려오는 농업이라는 인간 활동, 신석기시대 이후 인류사회의 기반이 되어온 이 활동이 세계화 과정이 진행되면서 어떻게 세계 곳곳에서, 그리고 모든 면에서 변모하게 되었는지를 잘 보여주고 있다.

## 범지구화된 세계
### ─"유한 세계의 시대가 시작되고 있다"

세계의 미래, 즉 상호교류하고 상호작용하는 인류의 미래를 좌우하게 될 세 가지 사실이 있다. 첫째, 세계화는 지구라는 둥근 공 위에서, 그러니까 한정된 면적 위에서 진행되고 있다는 사실이다. 둘째, 인간 활동은 그동안 실행과정들을 꾸준히 거쳐온 결과, 유사 이래 처음으로 환경—인간의 삶을 가능케 해주는 대기권, 수계(水界), 생태계—의 역학을 변화시킬 수 있게 되었다는 사실이다. 셋째는 지구가 물리적으로 한정된 공간인만큼 세계적으로 이루어지는 성장

—인구, 도시, 생산의 성장—에는 한계가 있을 것이라는 사
실이다. 장구한 세월 속에 재위치시킨 인류 역사에 세계화
를 다시 놓고 볼 때, 이 모두는 아주 새로운 사실들이다. 폴
발레리(Paul Valéry, 1871-1945, 프랑스의 시인, 사상가, 평론가
—옮긴이)가 『오늘의 문제들』(Actuelles)이라는 저서에서 했던
"유한(有限) 세계의 시대가 시작되고 있다"는 말도 따지고
보면 이와 같은 의미를 담고 있다. 뿐만 아니라 앞에서 언급
한 세 가지 중요한 사실들도 저물어가는 20세기의 예외성을
부각시키는 데에 한몫을 한다.

세계화는 사람들로 하여금 지구를 역사상 처음으로 자
신의 공간과 역사를 동시에 만들어가는 세계적 단일체로서
인식하게 만들었다. 지구는 한정된 면적을 갖고 있으며 인
류가 공 모양의 천체에 살고 있다는 현실은 물론 알려지기
는 했어도 사고에 반영되지는 않았었는데, 이것이 처음으로
사람들의 삶에 구체적으로 개입하게 된 것이다. 이러한 사
실은 페기(C.-P. Péguy)도 『수평과 수직』이라는 저서에서
강조하고 있다. 잉카 제국에서는 지구가 둥글든 평평하든
간에 그것은 전혀 중요하지 않았다. 그러나 새로운 땅을 발
견하고 정복하기 위해 사람들이 지구가 둥글다는 사실을 진
지하게 고려하기 시작했을 때 세계화가 시작된 것이다. 거
기에서 나오게 된 것이 바로 대양을 가로지르는 '세계-경제

들'(économies-monde)*이며, 결코 해가 지는 법이 없었다는 샤를 5세 때의 프랑스 왕국이 그 대표적인 예로 꼽히게 된다.

그러나 지구가 둥글다는 사실이 '세계-체계'에 전폭적으로 개입하여 직접 일상생활 속으로 파고든 시기는 19세기였다. 통신과 교역을 쉽게 하기 위해 당시 사람들은 시간과 거리를 측정하는 세계 공통의 기준을 마련해야 했고, 공인된 미터법을 기본으로 하는 지도제작법도 확정해야 했다. 이렇게 해서 생겨난 시간측정법이 지구를 24개 시간대로 쪼개는 동일표준시 분할법이었는데, 이 분할법은 1884년 만국우편연합(Union Postale) 회의에서 채택되었다. 거리를 측정하는 문제는 이미 미터법이 해결해주고 있었다. 미터법은 동일표준시 분할법에 앞서 1791년 프랑스 공화국 입헌의회(Assemblé constituante)에서 제정된 이래 앵글로-색슨 국가들이 꺼려함에도 불구하고 꾸준히 일반화되고 있었다. 인권선언과 함께 프랑스는 지구의 크기를 기준으로 하는, 다시 말해 극(極)에서 적도까지의 거리를 1천만분의 1로 나눈 길이를 1미터로 삼는 '미터법'을 보편화시키고, 미터법을 사용한 거

---

* '세계-경제들'이란 하나의 폐쇄적인 체계를 형성한 경제단위들이며, 이와 동일한 맥락에서 '세계-제국들'이라든가 '세계-도시들'이라는 용어도 이 책에서 사용되고 있다.

리측정법을 확립시켰던 것이다. 페기도 지적한 것처럼, 지난
날 인간을 척도로—발걸음의 폭, 팔꿈치에서 손가락 끝까지
의 길이, 하는 식으로—사물을 측정하던 사고에서 지구를
기준으로 인간을 측정하는 사고로 옮겨간 것이다. 이 얼마
나 중대한 변화인가!

둥근 지구 표면에 분포하는 모습 그대로 세계를 나타내
는 것 역시 지도제작법상 대단히 풀기 어려운 문제를 제기
한다. 지역지도든 세계지도든, 서로 다른 표현방식을 선택하
여 작성되는 지도들은 더 이상 동일한 내용을 담을 수 없다.
예를 들어 세계전도를 작성할 때는 크게 두 가지 선택이 있
게 된다. 첫째는 항해도를 작성하는 데 사용되는 도법에서
처럼 한 지점을 기점으로 하여 모든 방위각을 정확하게 표
현하기 위해 방향을 우선순위로 선택하는 방법이 있다. 이
경우, 점에 불과한 극도 길게 뻗은 적도와 똑같은 길이로 기
다랗게 그려지게 된다. 메르카토르 도법이 바로 여기에 해
당하는데, 이 도법으로 그려진 지도를 보면 저위도 지방에
비해 고위도 지방의 면적이 훨씬 큰 것처럼 과장되어 있음
을 알 수 있다. 그린란드가 지도상으로는 인도보다 더 넓은
면적을 차지하는 것이다. 이런 단점을 피하려면 면적을 정
확하게 나타내는 방법(정적도법)을 선택할 수 있다. 그러나
이렇게 하면 각 지역의 기하학적 형태를 변형시키게 된다.

이처럼 둥근 지구를 평면 위에 표현하면서 방위각의 균등성과 면적의 비례를 동시에 다 갖출 수는 없기 때문에, 세계지도제작법은 각 지도의 제작목적에 따라 매번 둘 중 하나를 선택해야 하며, 그리하여 결과적으로 사람들이 지구에 대해 갖는 시각에 영향을 미치게 된다.

범지구화한 세계는 지구의 인력(引力)을 충분히 이용하게 되었다. 정보의 세계화와 지구 상태 관찰의 주요 장비인 인공위성의 이용이 인력으로 인해 가능하기 때문이다. 정지궤도 인공위성은 지구 상공 약 3만 6천 킬로미터에서 지구 자전속도와 같은 속도로 돌고 있으며, 그래서 마치 움직이지 않는 것처럼 보인다. 이보다 낮은 궤도를 도는 저궤도 인공위성은 대기의 공기분자들과 서서히 마찰을 일으키며 지구 상공을 날고 있다. 정지궤도 인공위성은 지구상의 한 지점에서 다른 지점으로 한 순간에 정보가 전달되도록 해주고, 저궤도 인공위성은 지속적으로 지구의 모습을 촬영하여 송신한다. 저궤도 인공위성이 전송하는 영상은 기상 관측과 농산물 작황의 관찰에 유용하며, 적군의 동태를 탐지하는 데도 이용된다. 지구가 둥글다는 사실은 자본시장에도 관계된다. 주식시장과 외환시장은 24시간 계속해서 지구상 어디에선가는 열려 있는만큼, 결코 지지 않는 '태양'이 '금융의 세계'를 비추고 있는 셈이다. 경도에 따라 시차가 생기는 동일표준시의 시간대별 분할법이 항공교통에서 차지하는 역할에 대해서도 생각해보자. 우리는 파리나 런던에서 콩코드기를 타고 서쪽으로 가면서 뉴욕에서 몇 시간 또는 반나절을 보낼 수가 있다. 그러나 그 반대방향으로는 이같은 시차를 이용하는 여행이 도저히 불가능하다. 냉전시대는 이미 지나갔지만, 지구가 둥글다는 점이 로켓 발사에 미친 영향도 잊어서는 안된다. 최소한의 에너지를 가지고 로켓을 발사하기 위해서는 적도 쪽에 근접할수록 유리하며, 그렇기 때문에 프랑스령 기아나의 쿠루 지방이 관심을 끌 수밖에 없는 것이다.*

## 지수로 나타난 성장의 한계

지구의 땅 면적이 유한하다는 사실은 두 가지 결과를 낳는다. 첫째, 비록 20세기에 세계화가 엄청난 성장을 가져온 것은 사실이지만, 이는 결국 인류 역사에서 하나의 예외적인 시대로 기록될 것이라는 점이다. 연간 인구증가율이 3%일 경우에 총인구는 한 세기 만에 19.2배 증가하고, 두 세기

* 프랑스령 기아나는 남아메리카 대륙 북부에 대서양을 향해 위치하며, 1966년 대서양 연안의 쿠루 강 하구 인근에 프랑스의 로켓 발사 실험 기지가 건립되어 현재도 가동중이다. 쿠루는 쿠루 강 하구 지역의 중심지이다.

동안에는 자그마치 369배나 증가한다. 만일 전인류가 20세기 후반 아프리카의 몇몇 나라에서 볼 수 있는 것과 같은 인구증가율을 계속 유지한다면, 2000년에 60억이 될 인구는 22세기 말에는 7,380억이 될 것이다. 이렇게 되면 지구상의 인구밀도는 1km²당 5,676명이 되어, 해수면 위에 떠올라 있는 1억 3천만km²의 면적(빙하·사막·고산지대 포함)을 가득 채우게 될 것이다. 연간 인구증가율이 4%라면 200년 동안에 인구는 2,550배 증가하게 된다. 개발도상국의 수많은 도시들은 이미 이런 수준의 인구증가율을 기록하고 있다. 만일 증가율이 5%라면 같은 기간에 인구는 17,292배로 늘어날 것이다. 그런데 바로 이 5%라는 증가율은 최근 수십 년간 아시아의 신생산업국들이 보여준 국민총생산 증가율보다는 그래도 훨씬 낮은 수치이다. 이상과 같은 몇 가지 자료들을 여기서 제시한 것은 20세기 후반의 급성장이 인류 역사에서 본다면 대단히 예외적인 상황으로 간주될 뿐이라는 사실을 강조하기 위해서이다. 그리고 여기서 끌어낼 수 있는 결론이 바로 지구의 유한성이 낳는 두번째 결과인데, 그에 따르면 앞으로의 세계는 로지스틱(logistique)* 모델이 도식화하는 성장 유형 쪽으로, 다시 말해 거의 수평에 가까운

---

* 로지스틱 곡선은 벨기에 수학자 베르홀스트가 제시한 것으로, 1838년 인구증가과정의 법칙을 설명할 때 사용되었다.

선을 그릴 때까지 계속해서 인구증가율이 감소하는 방향으로 나아갈 것으로 예상된다.

## 새로운 관계들: 세계-체계/지구-체계

에너지 소비와 화학제품 생산의 증가에 따라, '축적되면서 축적하는' 효과로 인해 세계화는 지구와 그 환경 사이에 새로운 관계를 만들어낸다. 연소, 화학적 오염, 지표면에 가해지는 물리적 변형 등이 대규모로 발생하면서 인간의 삶을 가능케 하는 대기, 수계, 생태계 같은 환경의 역학을 변화시키고 있기 때문이다. 이는 영어로 '글로벌 체인지'(Global Change)라고 표현되는, 예고된 '범지구적 변화'이다. 아직은 그 변화의 시간이나 폭이 어떠할지, 어떤 지역에서 발생할지 등에 대해서는 분명하게 말할 수 없지만 말이다. 그래도 환경 변화의 결과가 대충 어떠하리라는 예견을 진지하게 받아들이게 되면서부터 사람들은 모두 '지구라는 한 배를 타고 있다'는 생각을 갖게 되었다. 그리하여 환경의 변화를 예방하는 차원에서 모든 정책을 결정하는 소위 '예방의 원칙'이 미래를 준비하는 데 대단히 중요한 요소로 부각되고 있다. 이 원칙은 다음과 같이 표현될 수 있다.

"위험이 잠재하는 몇몇 활동들에 대해서 그 위험이 과학적으로 확증될 때까지 기다리지 말고 곧바로 제한, 통제, 금지하는 것이 정당하다(온건한 의견). 아니 반드시 그렇게 해야 한다(강경한 의견)."

인류 사회에 해악과 돌이킬 수 없는 영향을 끼치는 몇몇 발전 현상들을 제한하고 그 진행에 제동을 걸거나 때로는 아예 금지하는 이 원칙이 보편적으로 적용되려면 많은 시간이 걸릴 것이고, 또 장기간의 분석과 설명도 필요할 것이다. 물론 원칙 자체도 다양한 사회 내에서 '내부화'되어야 할 것이다. 그런데 이 세상의 모든 문화가 다 자연에 대해 동일한 관계를 맺고 있는 것은 아니다. 그리고 예방의 원칙이 특히 에너지 생산 부문에서 제대로 실현되기 위해서는 에너지 전환 작업부터 선행되어야 한다. 비록 그 전환이 불편함을 끼치기도 하고 비용도 많이 드는 어려운 작업이라 해도 말이다. 또한 소비증가 논리와는 다른 논리에 입각한 기술체계를 명백히 확립하는 일도 필요하다. 끝으로, 예방의 원칙은 정책의 지평을 변화시킨다. 1992년 브라질의 리우데자네이루에서 열린 지구환경회의에서는 지구와 세계화의 관계에 대한 토론이 벌어졌다. 전세계적 차원에서 처음 시도된 토론이었던만큼 불가피한 혼란이 따랐다. 이 토론 가운데 많은 부분은 21세기의 몫으로 돌려졌다. 하지만 내일이면 너무 늦지 않을까?

'세계-체계'와 '지구-체계'(système-terre)* 사이의 이러
한 관계는 시간의 척도마저 바꾸고 있다. 이 관계는 사람들
에게 경제적 선택을 할 때도 긴 안목으로 앞을 내다보고, 아
직은 멀고 불확실한 미래이지만 지금부터 그 미래를 보호하
는 조치를 취하라고 요구한다. 이 시대는 사건의 즉각성과
그 사건에 대처하는 결정의 신속성이 지배하는 시대이다.
금융분야만이 아니라 정치분야 일각까지도 그러하다. 정치
가, 금융자본가, 그리고 기업가가 수립하는 정책의 핵심은
즉각성과 신속성인 것이다. 하지만 '세계-체계'와 '지구-체
계'가 맺고 있는 관계는 이런 대세를 거스르는 선택을 하도
록 요구하고 있다. 그러나 아직까지 우리 시대는 단기적 계
획이 장기적 계획보다 선택에서 더 큰 힘을 갖고 있다. 지구
상에서 전개되는 인간의 활동에 대해 좀더 장기적인 시각으
로 바라보아야 할 이 시점에서도 말이다.

그러므로 나날이 체험하는 급격한 변화들에 직면하여
기존의 익숙한 삶의 지표들을 상실하고 불확실한 미래를 앞
에 두고서, 한 나라의 시민이자 세계의 시민인, 그러나 대개
의 경우는 서로 모르는 채로 살아가는 사람들이 세계화가
과연 무엇인지 묻게 되는 것은 지극히 당연한 일이다.

* 지구를 서로 연결된 채 상호작용하는 요소들로 구성되는 하나의 단
  일체계로서 본 개념.

# 2
## 지역을 통해 본 세계

### 인구와 부의 증가 및 불균등한 분포

　세계화는 언제부터 시작된 것일까? 넓은 의미의 세계화는 이미 15세기 '지리상의 대발견' 시대부터 시작되었다고 볼 수 있다. 또 오늘날과 같은 형태의 세계화는 19세기 말부터 시작되었다고 생각된다. 그러나 어느 경우든 세계화는 다음과 같은 성과를 가져오는 데 기여했다. 우선, 인구와 부(富)의 증가에 따라―1800년 10억이던 세계 인구가 두 세기 뒤에는 60억으로 늘었고, 교역량은 100배, 부의 규모는 40배로 늘었다―지역 및 대륙간의 인구 이동이 크게 확산되었고, 그에 따라 세계 인구의 재배치가 이루어졌다. 도시의 역할과 무게도 끊임없이 커졌다. 또한 해로를 이용한 교역이 이루어지고 이민의 흐름이 생기면서 대양에 면한 몇몇 지역들이 큰 중요성을 지니게 되었다. 아메리카 해안 지역이 그 대표적인 예이다. 그 덕분에 아메리카 대륙은 알랭 루키에 (Alain Rouquié)가 '유럽의 최서단'이라 불렀듯이 세계화가 낳은 산물의 하나가 되었다. 최초의 세계화는 유럽으로부터 시작되었고, 먼저 대륙간에, 또 대양을 가로질러 진행되었다.

세계화는 과거에 갖가지 성장을 가져온 놀라운 원동력이었고, 지금도 여전히 그러하다. 그런데 세계화가 가져오는 성장을 전세계가 똑같이 경험한 것은 아니다. 그것은 사회에 따라, 지역별 또는 대륙별로 불균등하게 재분배되었으며, 대개의 경우 시간적 간격을 두고 차례차례 세계의 주요 지역으로 파급되었다. 그리하여 지역별로 나타나는 시간적 격차로 인해, 지역마다 고유한 상황에 적응하면서 순차적으로 밀려오는 세계화의 '물결'을 나름대로 반영하게 되었다. 이 물결은 몇몇 중심으로부터 시작되어 주변으로 빠르게 퍼져갔는데, 그 중심은 처음에는 유럽이었고 차츰 아메리카와 일본으로 옮겨졌다. 19세기에는 유럽에서 인구와 도시 및 산업의 성장이 이루어졌다. 20세기 중반에는 라틴 아메리카가 인구와 도시의 성장이 몰고온 회오리에 온통 휘말렸다.

20세기 말, 라틴 아메리카의 인구증가 속도가 둔화되는 반면에 아프리카의 인구는 폭발적으로 증가하고 있다. 또 20세기의 마지막 25년간 태평양에 면한 아시아 지역은 놀랄만한 경제성장을 이루어 세계경제의 성장을 이끄는 '견인차' 역할을 하고 있다. 이 지역의 경제가 그처럼 성장할 수 있었던 것은 새로운 과학적 발명들이 신속하게 보급되고 점점 더 고능률의 기술체계가 확립된 덕분이었다. 행동양식의 변화와 경쟁이 심한 사회적 특성도 그 성장에 한몫을 담당했다. 그런데 이 지역의 주민과 사회가 그러한 성장의 요인들을 갖추게 된 것은 사실 그들 역사의 어느 특정 시점에서부터이다. 그런 의미에서 세계화가 이루어지는 시기는 개별 지역의 특성에 따라 달라진다고 할 수 있다. 그리하여 세계화는 순차적으로 각각의 사회 내부로 파급되고 그곳에서 '내부화'를 이루어가는 것이다.

이제 좀더 구체적으로 인구의 성장을 살펴보자. 세계 인구의 성장은 전염병의 퇴조로 사망률이 낮아진 데에서 그 첫번째 원인을 찾을 수 있다. 백신의 발견과 공중보건을 위해 취해진 여러 조치들—예컨대 수질에 대해 큰 관심을 쏟게 된 것—로 인해 각종 전염병이 더 이상 유행하지 못하게 되었고, 어떤 질병들은 아예 사망자를 못낼 만큼 세력이 미미해졌다. 또한 대기근이 퇴조했다는 사실도 사망률 저하에

37

기여했다. 기근의 감소는 운송수단의 발달에 힘입은 바 크지만, 아시아와 같은 지역에서는 식품생산량이 증가한 데에도 그 원인이 있다. 이처럼 개선된 생활은 세계 도처에서 평균수명의 연장(지난 두 세기 동안 세계 인구의 평균수명은 25세에서 60세로 연장되었다)을 가져온다. 그러나 수명 연장에 대한 반동으로 출산율의 감소도 함께 가져온다. 다만 출산율의 감소는 사망률의 감소와 어느 정도 시차를 두고 나타난다. 그렇기 때문에 현재 세계 도처에서 인구의 변화는 계속 진행되는 과정에 있다고 볼 수 있다. 개개의 사회에 따라 그 진행된 정도가 다르기는 하지만 말이다. 아마도 세계 인구의 변화는 21세기 전반에 가서야 비로소 멈추게 될 것이다.

한편 경제성장에서, 특히 재화와 서비스의 생산에 관여하는 요소들의 생산성 향상이 세계적으로 확산되고 있다. 더 많은 물량이 공급되고 있고, 동시에 새롭고 다양한 상품들이 개발되고 있지만 생산비는 오히려 감소하고 있다. 이런 현상들은 전반적인 소득의 증대를 불러오고, 그에 따라 소비, 생산, 저축도 함께 늘어난다. 운송수단의 발달(속도, 적재량, 안전, 경비 등 모든 면에서의 발달)이 이루어지고 관세장벽이 낮아지면서 교역량의 증가는 생산량의 증가보다 훨씬 빠른 속도로 진행되고 있다.

세계화는 모든 분야에서 온갖 종류의 숨가쁜 성장을 의미한다. 지역에 따라 불균등한 분포를 보이는 이 성장의 회오리바람은 모든 사람의 삶에 많은 영향을 끼치고 있으나, 거기서 받는 영향은 개인에 따라 차이가 있다. 그러므로 세계화는 작은 마을에서 전세계에 이르기까지 모든 단계에서 인구집단의 구성을 변화시키고, 도시와 농촌, 도시와 도시, 나라와 나라, 대륙과 대륙 사이에 인구의 재배치가 이루어지도록 유도한다. 지금까지 세계화는 그 진행단계에 따라 일정한 유형의 성장을 수반해왔다. 이곳에서는 인구성장을, 저곳에서는 경제성장을, 이 지역에서는 지식의 성장을, 저지역에서는 소득의 증대와 평균수명의 연장을 불러왔다. 이러한 성장들은 19세기 말에 현대적 세계화가 시작된 이래 역사의 한 주기를 여는 기점이 되었으나, 장기간 지속될 수는 없을 것이다. 세계화가 급진전을 본 20세기는 여러 분야의 성장으로 인해 인류 역사에서 하나의 예외적인 세기로 남게 될 것이다. 20세기의 급성장은 이제 바로되먹임작용의 고리들이 개입하는 하나의 체계를 대변해준다.

## 도시화되는 세계

세계화는 도시화에 박차를 가했다. 도시란 말하자면 시

너지(synergies, 상승작용)의 집중 현상이며, 한 장소에 다양한 요소들이 집적되는 현상이다. 도시는 다양한 일자리가 제공되는 곳이며, 사회적 지위의 향상이 가능한 곳, 개인을 유동적인 사회에 통합시키는 곳이다. 도시의 성장은 곧 집중(concentration)의 승리이다. 거기에는 교통망의 발달이 따른다. 도시 자체의 기능을 원활하게 해주는 내부연결망, 그리고 근교나 다른 도시들과의 관계를 긴밀히 해주는 외부연결망이 함께 발달하는 것이다.

오늘날 전인류의 절반이 도시화와 관련되어 있다. 도시 인구의 절반은 인구 50만 이상의 도시에 살고 있다. 1900년에는 인구 100만 이상의 도시가 모두 17개밖에 없었는데, 지금은 300여 개를 헤아린다. 그 당시에는 런던이 인구 640만을 자랑하며 세계 최대의 도시로 군림했다. 20세기 말 현재 인구 1,000만이 넘는 과밀도시는 30여 개나 된다. 20세기 후반에는 특히 개발도상국에서 도시의 성장이 두드러지게 나타난다. 현재 아시아, 아프리카, 라틴 아메리카에 분포하는 도시 가운데 인구 100만 이상을 헤아리는 대도시만 해도 175개나 된다. 또 세계 최대의 인구밀집지역 20곳 가운데 13곳이 아시아, 아프리카, 라틴 아메리카에 있다. 나이지리아의 수도 라고스의 인구는 1950년에 30만에 지나지 않았지만 지금은 500만이나 된다. 브라질 상파울루의 인구는 같은 기간에 270만에서 1,700만으로 증가했다. 대만 타이베이의 경우는 130만에서 700만으로 증가했다. 1960~1970년대에 페루의 리마는 연간 인구증가율 6%를 기록했는데, 그 가운데 절반은 자연증가에 따른 것이고 나머지는 인구유입에 의한 증가였다. 그러나 이제 리마도 다른 많은 라틴 아메리카의 도시들처럼 인구증가 양상이 달라지고 있다. 산아제한으로 출산율이 떨어지고 있고, 도시유입 인구를 공급해오던 농촌도 그 '저수지'가 어느 정도 바닥이 드러났다. 그 결과 연간 인구증가율은 2% 내지 그 이하로 감소했다. 개발도상국에서의 도시화, 특히 '거대도시화'는 20세기에 일어난 중대사의 하나로, 그리고 세계화가 초래한 결과의 하나로 남을 것이다.

## 세계 거대도시군도

'세계 거대도시군도(群島)'(l'archipel mégalopolitain mondial)는 앞장서서 세계를 이끌어나가는 데 기여하는 도시들로 구성된다. 20세기 후반에 만들어진 이 군도는, 혁신활동 및 지휘활동들의 집중과 관련된 범지구화의 가장 강력한 상징 가운데 하나이다. 세계 거대도시군도에서는 고급의 3차산업과 4차산업(연구, 발명, 경영)에 속하는 다양한 활동들이

상승작용을 일으키고 있다. 또 세계 거대도시군도는 같은
지역에 속하는 여러 도시들을 서로 연결해줄 뿐만 아니라
그렇게 구성되는 세계의 핵심지역들끼리도 서로 연결한다.
그래서 등장하는 것이 세계의 주요 도시들을 하나의 다발로
묶는 개념이다.

진 고트만(Jean Gottmann)은 미국의 대서양 북동연안의
도시들, 즉 워싱턴에서 보스턴까지 줄지어 분포하는 도시들
을 가리켜 '메갈로폴리스'(megalopolis)라 불렀다. 이 명칭은
그 뒤로 보편화하여, 이제는 일반적으로 서로 이웃하는 도
시들로 이루어지는 연결망을 가리키게 되었다. 메갈로폴리
스라는 거대 도시지역 내부에서는 정치권력, 경제와 금융을
관할하는 권력이 집중되고 상승작용을 일으킨다. 대기업들
과 전세계 여론을 형성하는 대중매체들이 이곳에 본사를 둔
다. 이름 있는 대학들과 가장 혁신적인 연구를 해내는 연구
소들도 자리잡고 있다. 패션분야든 음악분야든 최신 유행을
창조하고 유포시키는 곳도 바로 이곳이다. 세계화가 빚어낸
작품인 이 메갈로폴리스들은 그들이 속해 있는 문화의 특징
을 간직하면서도 일종의 새로운 세계주의(cosmopolitisme)를
표현하고 있다.

주로 4차산업에 종사하는 메갈로폴리스의 '도시 다발들'
은 내부적으로 대단히 우수한 교통·통신망(도시고속도로, 항

공망, 고속철도, 정보고속도로)을 완비하고 있다. 각종 체증을 피하기 위해, 비용이 많이 드는 사업들도 과감히 추진된다. 교통과 통신이 원활하게 이루어지지 않으면 도시 자체의 기능도 제대로 수행되지 않기 때문이다. 이들 도시에서는 중심성(centralité)이 낳는 효과와 규모의 경제(économie d'echelles)가 낳는 효과가 상승작용을 일으키고 이 상승작용은 다시 밀집(agglomération) 효과를 유발하게 되는데, 만일 교통이나 통신의 흐름이 장애를 일으키면 이같은 밀집 효과가 크게 감소하는 것이다. 각 메갈로폴리스는 세계 거대도시군도의 범주에 속하는 다른 '섬들', 즉 다른 메갈로폴리스들과도 서로 매우 밀접한 관계를 맺고 있다(여기서 '군도'라는 명칭이 적절함을 새삼 깨달을 수 있다). 그리하여 세계의 항공교통망과 통신망은 자연히 메갈로폴리스들 사이에 집중적으로 건설된다. 그곳에는 국제공항(영어로 흔히 'hub'라고 한다)이 마련되어 있고, 거기서부터 주변지역을 연결하는 지역교통망이 사방으로 뻗어나간다. 항구를 중심으로 조성된 대규모 단지들이 있는 경우에는 송유관, 열차, 컨테이너 트럭 등을 이용하여 물자가 원활히 운송될 수 있도록 컴퓨터 시스템을 통해 효율적으로 관리하는 전산망 기지도 함께 세워진다. 예를 들어 로테르담, 뉴욕, 토오쿄오-요코하마 등의 큰항구도시들과 세계에서 가장 많은 항공교통량을 자랑하는

케네디(뉴욕)-나리타(토오쿄오) 노선 및 케네디(뉴욕)-히드로
(런던) 노선을 살펴보자. 세계 경제활동의 9할이 바로 이곳
에서 결정되고 새로운 과학지식의 8할도 이곳에서 개척되고
있다. 물론 그 활동들이 메갈로폴리스 자체 내에서나 가까
운 주변지역에서 이루어질 수도 있지만 말이다. 서방선진7
개국회의(G7)의 회원국들도 이 지역에 자리잡고 있다.

이 메갈로폴리스들은 세계 교역량의 85%를 차지하는
트리오 지역(서유럽, 북아메리카, 동북아시아)에 소속된 국가
들의 심장부에 있다. 현재 이 지역에서 이루어지는 교역은
관세율 인하로 한층 손쉬워지고 있다. 그것은 서로 유사한
수준의 기술을 구비하고 있는 기업들을 상호경쟁시키는 결
과를 가져온다. 세계적 규모의 대기업들이 대개는 자국 정
부의 지원을 받으며 서로간에 격심한 경쟁을 벌이게 된 것
이다. 그 기업들이 서로 다른 기업에 투자를 한다면 그것은
고용창출을 위해서라기보다는 소유권 이전(기업 인수)을 위
해서이다. 또한 그 기업들은 주문자라는 것을 빌미로 생산
현장 역할을 하는 국가들(제2세대 신생산업국)의 생산활동을
감독하려 하지만, 대개의 경우 무위에 그치고 만다.

'세계 거대도시군도'의 섬들은 오늘날 범지구화된 세계
에서 관찰되는 몇 가지 뚜렷한 동향을 잘 드러내고 있다. 이
곳에서는 늘어난 교역량으로 인해 경쟁기업들간에 시장확

보전쟁이 일어나고, 때로는 좀더 효과적으로 세계시장을 점유하기 위해 경쟁기업들이 서로 협력관계를 맺기도 한다. 이 군도의 섬들은 과점투쟁이 지배하는 세계를 분명히 드러내고 있는 것이다.

'세계 거대도시군도의 섬들'은 현재 6개 정도이다. 미국 북동부의 메갈로폴리스는 워싱턴에서 보스턴까지 이어지며 뉴욕이 그 중심부이다. 워싱턴에는 세계 어디에든 개입할 수 있는 막강한 힘을 가진 권력기관들(백악관, 미 국방부, 세계은행, 국제통화기금)이 자리잡고 있다. 뉴욕에는 국제연합 본부와 세계 유수의 금융기관들이 있다. 보스턴에는 하버드 같은 명문대학들과 매사추세츠 기술연구소(MIT) 같은 연구소들이 자리잡고 있다. 세계의 여러 메갈로폴리스들 가운데 가장 완벽한 경우인 것이다. 한 나라에 집중적으로 자리잡고 있는 권력기관들, 통일된 하나의 언어로 가능한 의사소통, 더구나 그 언어가 세계인의 의사소통에 사용되는 국제어라는 사실, 이런 것들이 오늘날 세계를 지배하는 미국 북동부 메갈로폴리스의 모습이다. 2차대전 이후 자신의 세력을 확실히 다진 지역은 다름아닌 바로 이 메갈로폴리스였다. 사실상 2차대전에서 대승을 거둔 유일한 나라가 미국이었으니 그럴 만도 하다. 아메리카 대륙에는 '2차적' 메갈로폴리스가 몇 군데 더 있는데, 우선 5대호 지역, 그 다음으로 시카고에서 토론토에 이르는 지역(특히 이곳에는 시카고 증권시장과 농산물을 비롯한 각종 상품시장이 있음)을, 끝으로 샌디에고에서 시애틀에 이르는 태평양 연안지역(이곳에는 로스앤젤레스와 샌프란시스코가 있음)을 꼽을 수 있다. 특히 태평양 연안지역은 최첨단산업과 연구소를 갖추고 아시아·태평양 지역을 향해 큰 관심을 기울이고 있는 중이다.

서유럽에서는 포 강(이탈리아 북부에 있는 강―옮긴이) 유역 평야의 도시들과 런던 분지를 연결하면서 활 모양으로 휜 곡선을 그리는 지역이 메갈로폴리스를 이룬다. 활 모양의 중심축을 조금 벗어나면 파리, 카탈루냐, 뮌헨 지역이 자리잡고 있다. 이 유럽의 메갈로폴리스는 은행과 다국적기업들이 자리잡고 있는 스위스의 도시들, 옛 서독땅에 위치한 대부분의 도시들, '란트슈타트'(Randstadt)*를 포함하는 베네룩스 3국, 영국 남동부, 런던 분지를 포괄한다. 파리 지역도 여기에 포함된다. 이곳은 미국 북동부의 메갈로폴리스와는 달리 영토 및 언어상의 통일성이 없다. 여러 언어로 말하는 유럽연합 가입국들, 그리고 유럽연합에 가입하지 않은

---

* 네덜란드 서부지방에 도시연합을 이루고 있는 지역을 란트슈타트라고 부른다. 이 지역에 모여 있는 도시들은 각각 나름대로의 독자적인 기능을 수행한다. 예를 들어 헤이그에는 정부기관들이 자리잡고 있고, 로테르담은 무역항으로서 교역과 운송을 맡으며, 암스테르담은 금융 분야를 담당하고 있다.

스위스가 이곳에 있다. 정치적으로나 경제적으로 통합체를
이룬다기보다는 일종의 복합적 집적체(conglomérat)를 형성
하고 있는 것이다. 따라서 이 지역이 경제, 금융, 학술 등 모
든 분야를 종합하고 다양한 구성원들을 한군데로 결집한다
고는 해도, 혹시 전세계적으로 일관성 있게 통하는 유럽의
정책이 있다면 가질 수도 있을 그런 무게를 확보하지는 못
하고 있다.

　이번에는 정치, 문화, 경제 등 모든 분야에서 단일한 체
계를 가진 일본의 메갈로폴리스를 살펴보자. 이 메갈로폴리
스는 토오쿄오를 중심으로 하고 칸사이(關西) 지방의 오오
사카를 부심(副心)으로 하여 형성된다. 이 일본의 메갈로폴
리스는 태평양 연안의 좁다란 평야들을 따라 발달하였다.
고속철도 '신칸센(新幹線)'이 이곳을 통과한다. 이곳은 세계
제2의 경제대국의 머리에 해당한다. 그러나 이곳에는 중요
한 국제기구가 전혀 자리잡고 있지 않으며, 세계 전체에 영
향을 미치는 대규모 정책을 결정하는 기관도 전무하다. 정
치권력은 금융 및 경제계에 비해 한걸음 물러나 있는 셈이
다. 2차대전의 흔적이 아직 지워지지 않고 있다는 말이다.

　20세기 말인 오늘날 또 하나의 메갈로폴리스가 일본의
그것과 연결되면서 등장하고 있다. 이 메갈로폴리스는 태평
양 연안의 아시아 지역을 남북으로 잇는 '큰 아치형'을 이루

47

며 뻗어나가 그 어느 메갈로폴리스보다 지리적으로 넓은 면적에 걸쳐 성장하고 있다. 서울과 싱가포르를 연결하는 선을 축으로 하여 중국해와 황해의 일부분, 그리고 동쪽으로는 중국대륙과 특히 중국의 3대 도시권—21세기가 되면 틀림없이 메갈로폴리스의 일부를 이루게 될 베이징-톈진, 상하이, 광둥—까지 포함한다. 지난 사반세기 동안 일어난 항공교통 및 해상무역의 흐름, 자본과 정보의 흐름 등은 이 지역이 지난 20년간 연평균 경제성장률 10%를 기록하며 새로운 메갈로폴리스를 탄생시켰음을 잘 보여준다. 그런데 이 지역의 높은 경제성장률은 다른 메갈로폴리스들이 위치하는 지역의 낮은 경제성장률과는 사뭇 대조적이다. 홍콩과 싱가포르의 증권시장 및 상품시장은 세계의 자본시장을 형성하고 있는 대규모 증권시장들 가운데서도 상위권에 들어 있다. 현재로서 이 아치형 메갈로폴리스의 내부에서는 정치적 긴장—특히 중국대륙과 그 이웃나라들 사이에서—이 여전히 강하게 작용하고 있다. 게다가 아직도 2차대전의 기억과 '냉전'이 남긴 흔적이 생생한 아픔으로 남아 있다. 이 지역에서는 냉전이 '뜨거웠던' 것이다(한국전쟁, 인도차이나 전쟁). 아치형 다리는 상처를 입고 군데군데 끊어져 있는 셈이다. 더구나 과학적 발전에 힘입어 기술혁신을 이룰 수 있는 능력도 아직 그리 대단치 않은 상태이다. 그러나 그 역동적인 경제활동이 지난 20년간 세계경제를 성장시키는 데 크게 기여한 것은 사실이다. 그렇기 때문에 아시아의 이 아치형 지역을 세계 거대도시군도의 범주에 넣을 수 있을 것이다. 태평양 연안의 아시아 지역은 21세기가 되면 아마도 다수의 또 다른 '아치형 메갈로폴리스'를 탄생시킬 것이다. 그 가운데에는 베이징, 텐진, 발해만 연안의 도시들을 포괄하는 것도 있고, 상하이를 중심으로 형성되는 것도 있을 것이다.

이에 반해 아르헨티나의 부에노스아이레스 주변에 형성되는 대도시군을 '세계 거대도시군도'에 포함시킬 수 있을 것인가에 대해서는 사실 생각해볼 여지가 있다. 남미공동시장(Mercosur), 상파울루, 리우데자네이루, 라플라타 강 유역의 도시들로 이루어지는 이 지역이 일단 상파울루를 금융분야의 발달과 산업화를 이끌 선두주자로 삼고 거대도시화(megalopolisation)를 추진하기 시작한 것은 쉽게 관찰할 수 있다. 그러나 일반적으로 메갈로폴리스에서는 세계시장을 상대로 4차산업에 종사하는 비중이 중요한데, 이 지역은 그에 상응하는 전문직을 갖지 못한 인구가 너무 많다. 현재로서 이 지역은 '세계 거대도시군도'에 속하는 섬이라기보다는 남미공동시장의 다각형 지역이라고 볼 수 있다.

'세계 거대도시군도'에 속하는 섬들, 즉 메갈로폴리스들의 경계를 분명하게 그려보고자 하는 것은 헛된 일이다. 그 이유는 여러 가지이다. 우선, 각각의 섬들은 영토의 조직화보다는 각종 연결망에 기초하여 기능을 수행하고 있다. 그리고 연결망이라는 것은 최근 동아시아 지역이 보여주듯이 경제활동과 기술발달에 따라 늘 변화하는 것이다. 어떤 면에서 보면 메갈로폴리스란 전세계를 고객으로 4차산업을 주로 운영하는 '고차원의 마샬 지구'*인 것이다.

'세계 거대도시군도'의 섬들 주위에서 그 발달에 동참하는 주변지역은 유럽 메갈로폴리스의 경우 서유럽 전역을 포괄한다. 메갈로폴리스 안팎의 몇몇 외곽지역(대서양 쪽, 지중해 쪽, 북극 쪽)은 제외된다. 북아메리카 메갈로폴리스의 주변지역은 미국 영토의 상당 부분과 캐나다 남부 지방이다. 토오쿄오를 중심으로 하는 메갈로폴리스는 일본 전체를 주변지역으로 삼는다. 태평양에 면한 아시아 지역, 소위 '성장의 삼각지대'는 현재 형성과정에 있는 동아시아 메갈로폴리스의 중추부와 긴밀하게 연결된다. 이곳에서는 여러 국가에 걸쳐 지역적 연결을 꾀하는 새로운 지역결합 형태를 볼 수 있다. 그 가운데 가장 잘 정비되고 모범이 될 만한 것은 싱가포르가 조직한 지역결합 형태인데, 여기에는 말레이시아

---

* 마샬 지구는 경제적 측면에서 집적효과에 따라 구성되는 지역공간을 말하는데, 이는 집적효과를 설명한 영국의 경제학자 알프레드 마샬의 이름을 딴 것이다.

조호르 주와 인도네시아 리아우 군도까지 포함된다.*

　이런 메갈로폴리스의 내부에서는 도시지역과 농촌지역을 나누는 낡은 구분은 전혀 의미가 없다. 메갈로폴리스 영역에 위치한 넓은 삼림지대나 경작지대를 육지 깊숙이 들어온 바다가 군데군데 끊어놓는 경우—북미 북동부의 메갈로폴리스를 위에서 내려다본 경우—나 평야 사이에 산악지대가 군데군데 끼어들어 메갈로폴리스를 비연속적으로 끊어놓는 경우—일본의 예—에도 마찬가지다. 그렇다면 메갈로폴리스들의 내부에는 빈 곳들이 있고, 이 빈 곳들은 불빛이 한줌씩 뿌려놓은 것처럼 무더기를 이루는 야간 위성촬영 영상에서 보듯, 펼친 식탁보처럼 이어진 인구밀집지대가 아니다. 그러니까 결국 자연환경에 의한 비연속성과 마찬가지로 인위적 환경이 만들어내는 비연속성도 메갈로폴리스 내부에 존재한다는 말이다. 부와 권력이 집중된 몇몇 구역과 이웃하여 소외된 공간들이 여기저기 분포하고 있는 것이다. 예컨대 백악관 바로 가까이에서는 대규모 실업, 폭력, 마약 등이 이른바 ‘게토’라 불리는 흑인 거주지역에 악영향을 미치고 있다. 게다가 이런 현상은 비단 워싱턴에서만 일어나

---

* 조호르(Johore) 주는 말레이 반도 남단에 위치하며 싱가포르와는 도로 하나를 사이에 두고 있다. 리아우(Riau) 군도 역시 싱가포르 인근의 바다에 위치하여 서로 연결되기 쉬운 입지조건을 갖추고 있다.

는 것이 아니다. 이처럼 내부적으로 모자이크형 지역분할 구조를 가진 메갈로폴리스들은 바로 그 모자이크를 통해 오늘날 세계가 처한 상황을 있는 그대로 반영하고 있다.

　중심성이 자아내는 효과, 규모의 경제, 다양한 활동간의 상호연계성, 경영과 개혁을 담당하는 고급 기능들에 대한 근접성 등에 의해 만들어지는 메갈로폴리스의 미래에 대해 의문을 가질 수는 있다. 실제로 금융분야의 대규모 증권시장과 외환시장의 실태를 살펴보자. 이 금융시장들은 비록 성장하고 있다고는 볼 수 없지만 적어도 각각 그 소재지를 발판으로 원만하게 유지되고 있다. 그러나 다른 한편으로 소재지의 중심성이 허물어져 가고 있는 것도 사실이다. 물론 이 중심성의 파괴는 NASDAQ*의 사례가 입증하듯이 아직까지는 부분적인 것에 불과하지만 말이다. NASDAQ은 중심소재지가 없는 주식시장으로서 특히 첨단기술분야에 속해 있는 기업들의 주식을 취급하며, 수만 개의 스크린을 통해 거래소재지에 상관없이 어디서든 즉시 거래를 실현시

---

* National Association of Securities Dealers Automated Quotation의 약어. 주식에 대한 매도율과 매입률을 제공한다. 좀더 정확히 말하면 500개 이상의 회사가 제공하는 약 3,000여 비상장주식의 비드 레이트(환율이나 금리에 적용되는 매도율)와 오퍼 레이트(환율이나 금리에 적용되는 매입률)을 제공하는 미국의 컴퓨터 시스템에서 출발하는 일종의 주식시장이다.

키는 방식으로 운영되고 있다.

## 전통적 인구밀집 지역의 세력 확장

파도처럼 밀려와 물수제비뜨듯 순차적으로 파급되는 세계화의 효과(행정이 엉망인 국가라 할지라도 주민들을 국가라는 틀로써 포괄하는 관행, 교육과 위생수칙의 보급, 예방접종, 농업기술의 진보)는 예전부터 이미 인구밀집 현상이 극심했던 지역의 인구팽창을 더욱 가중시키는 한편, 이전의 인구분포를 재조정하는 결과도 가져왔다. 예를 들어, 아시아의 몬순 계절풍 지역에 살고 있는 농촌인구는 이미 오래 전부터 세계인구의 상당 부분(대략 3~4할)을 차지하고 있었는데, 세계화 이후에도 변함없이 그 정도의 수준을 유지하고 있다. 1930년 갠지스 강, 양쯔 강, 황하 유역 삼각주의 농촌지역 인구밀도는 $1km^2$당 약 300명이었는데 지금은 1,000명을 넘어섰다. 아직 대다수 주민은 가난을 면치 못하고 있으나, 그래도 다행스러운 것은 식량문제가 과거보다 개선된 상황— 1943년 갠지스 강 삼각주에서, 그리고 1946년 중국에서 있었던 것과 같은 심각한 기아나 기근은 더 이상 발생하지 않게 된 상황—에서 인구가 늘었다는 사실이다. 바꿔 말하면, '공식적으로' 인정받은 것이든 아니면 비공식적으로 이루어진 것이든 '녹색혁명'(엄선된 종자의 배합, 비료사용, 경제적인 용수관리, 농자금 대출)이야말로 아시아 지역의 인구팽창을 지속적으로 가능케 하는 요인이었다. 그런데 중요한 것은 이 녹색혁명 역시 세계화의 산물이라는 사실이다. 그것을 생각하고 구체적으로 실현시킨 것은 다름아닌 국제적 농업연구소와 농업기관들(국제농업연구기관협의체[CGIAR]에 소속된 기관들)이었으며, 일부는 세계은행이나 아시아개발은행과 같은 지역개발은행들이 대출해준 자금으로 재정적 후원을 받아 이루어졌다.

16~19세기에 노예로 혹사당하는 고통을 겪었던 흑인들의 고향 아프리카도 최근 10년 동안 급속도로 인구밀도가 높아지고 있다. 이 지역이 연간 3%라는 인구증가율의 '정점'에 도달한 것은 20세기 말이다(1950년대에는 연간 인구증가율이 2%선에 머물러 있었다). 이는 다시 말해서 대략 20년이 조금 넘는 기간에 총인구가 2배로 늘었다는 얘기이다. 지금부터 반세기 전만 해도 아프리카 수단 농촌의 인구밀도는 $1km^2$당 10~12명 정도였다. 그러나 지금은 $1km^2$당 30~40명에 이른다. 아프리카에서는 전체적으로 출산율이 감소하고 에이즈 같은 전염병이 창궐하고 있으며, 동부 아프리카의 큰 호수들을 끼고 있는 지역에서 보듯이 곳에 따라서는 학살극까지 벌어지고 있지만, '맬더스 이론에 따른

인구조절' 현상은 아직까지는 아프리카에 나타나지 않고 있다. 언제 나타날지 모를 일이기는 하지만 말이다. 21세기가 되면 아프리카는 인류를 구성하는 주요 인구집단 가운데 하나가 될 것이다. 2020년에는 아프리카 인구가 12억에 이를 것으로 예상된다. 이런 일은 이 대륙의 역사상 처음 있는 일이 될 것이다.

계속해서 남반구의 다른 대륙들이 겪고 있는 인구변화를 살펴보자. 라틴 아메리카는 다른 대륙보다 먼저 도시인구 증가를 경험했다(이 지역의 도시인구 비율은 전체 인구의 4분의 3을 차지한다). 그러다보니 이제는 더 이상 유입해 들어올 농촌인구가 남아 있지 않고 출산율 자체도 감소하여 도시의 팽창속도가 어느 정도 둔화되었다. 한편 이 지역의 농업생산량의 증가는 생산성의 향상보다는 경지면적의 확대에 기인한 것이다. 특히 브라질의 경우가 그러하다. 이런 사실은 동아시아 및 남아시아와는 크게 다른 이 지역만의 특징이다. 이 지역에는 아직도 개간할 수 있는 토지가 많이 남아 있다.

## 인구희소 지역과 비거주 지역

지구상에는 아직도 엄청난 면적이 사람이 살지 않는 빈

공간으로 남아 있다. 그렇다고 이런 비거주 지역들이 오늘날의 세계에서 전혀 아무런 역할도 하지 않는 것은 아니다. 어떤 지역(북극해 주변의 북극 지방)은 광물 자원이나 에너지 자원을 풍부하게 보유하고 있으며, 지구를 연구하기 위한 과학적 탐사기지나 강대국들의 전략적인 군사기지로 이용되기도 한다. 냉전이 종식된 뒤로 그 전략적 가치가 떨어지기는 했지만 말이다. 또 어떤 지역은 장차 개간되기를 기다리는 미개척지로 남아 있다. 이미 인구가 밀집된 지역들에 비해 뒤지지 않을 정도로 '천혜의 잠재력'을 갖고 있지만, 아직은 사람이 거의 살지 않는다. 인간의 역사가 그렇게 만든 것이다. 베네수엘라의 오리노코 강 삼각주 지역에는 아주 적은 수(1km$^2$당 5명 미만의 인구밀도)의 주민들이 살고 있지만, 갠지스 강 삼각주 지역의 인구밀도는 1km$^2$당 1,000명이 넘는다. 인도의 데칸 고원에 위치한 과거의 '사바나' 지역과 건조림 지역은 '저수지'를 이용함으로써 일부 관개를 할 수 있는 경작지로 바뀌어, 인구밀도 1km$^2$당 300명을 쉽게 초과하게 되었다. 이에 반해 브라질, 특히 남부의 마토그로소(Matto Grosso) 주에서 찾아볼 수 있는 것 같은 거의 자연 그대로인 지역의 인구밀도는 기껏해야 1km$^2$당 3명에 불과하다.

오랜 농경문화를 갖고 있는 나라에서도 최근 들어 사람

이 살지 않는 지역들이 생겨났다. 농업기술이 발달하고 특히 기계화가 이루어짐에 따라, 예컨대 급경사 지대처럼 경작환경이 취약해져버린 지역에서는 이촌향도(離村向都) 현상이 생겨 땅이 버림받게 되었기 때문이다. 유럽에서는 건조한 산악지대가 이렇게 하여 사람이 살지 않는 곳으로 변하였다. 프랑스의 남알프스 지방이 그 대표적인 예이다.

## 세계화는 인구집중 지대를 만들고 비거주 지역을 존속시킨다

이상에서 살펴본 것처럼 세계화 시대를 맞이하여 지구상의 인구밀도가 높아지고 있지만, 그 추세는 지역에 따라 매우 불균등하기 때문에 광대한 공간이 비거주 지역으로 남아 있다. 물론 이 비거주 지역이 모두 인간의 다양한 거주양식에 부적합한 곳은 아니다. 이 빈 곳들은 전세계를 잇는 흐름을 방해하지도 않는다. 선박이나 항공기로 그런 곳을 쉽사리 지나갈 수 있기 때문이다. 그렇다고 전신전화 소통에 장애를 유발하는 것도 아니다. 일정한 간격의 쉼터가 필요했던 과거 대상(隊商)들의 시대와는 달리, 이제 세계 어느 곳에서나 비거주 지역을 훌쩍 건너뛰어 인구밀집 지역들끼리 쉽게 연결될 수 있다. 그런 의미에서 범지구화된 세계는 모든 것이 집중화되는 세계라고 확실하게 말할 수 있다. 사실 세계 인구의 절반은 전체 지표면의 3%에 불과한 면적에 몰려 살고 있다. 그리고 세계의 부의 절반 가량이 지표면의 1%밖에 안되는 면적, 특히 '세계 거대도시군도를 이루는 큰 섬들'에서 집중적으로 생산된다. 그렇다면 어째서 그런 집중화 현상이 이들 지역에서만 일어나고 다른 곳에서는 일어나지 않을까? 이 물음에 대답할 일이 남아 있다.

# 3
# 지역의 영속성과 그 의미 변화

## 동질적이고 다양했던 인류 사회

　세계화되기 전의 인류사회는 비교적 동질적이었다. 전체 인구의 9할 또는 그 이상이 농업에 종사하면서 곡물을 재배하고 가축을 사육하며 생존의 한계상황에서 살았다. 그들은 기근, 전염병, 기아 등에 끊임없이 시달려야 했다. 당시 인구는 몇 가지 인자들에 의해 조절되고 있었는데, 이 인자들은 1798년 맬더스의 분석이 밝힌 것과 같은 일정한 인구 주기를 실제로 만들어내고 있었다. 도시는 주로 성벽으로 둘러싸여 농촌지역과 분명한 구분을 짓고 있었다. 공간을 조직하는 원리도 어디서나 비슷했는데, 그것은 거리 측정에 사용되는 수단이 거의 어디서나 동일한 것이었기 때문이다. 예컨대 대상(隊商)이 쉬어가는 숙박지들간의 거리는 페르시아 제국이나 잉카 제국에서 거의 동일하였다. 두 나라가 이용했던 짐바리 짐승은 서로 달랐는데도 말이다. 숙박지들간의 거리를 조절하는 기준이 되었던 것은 사람들이 도보로 걸을 때의 속도 — 하루에 약 30km — 였다는 것을 알 수 있다. 물자를 육로로 운송하는 경우에 제기되는 문제, 예컨대 얼마나 많은 양을 어떤 방식으로 운반할 것인가 하는 문제도 한(漢)나라 때의 중국이나 중세 말기의 유럽에서 크게 다를 바 없었다. 두 경우 모두 지형의 기복에 따른 구속을 받지 않을 수 없었고, 그러다보니 자연히 주로 이용되는 길이 일정하게 정해졌다. 그리하여 정규적인 운송로가 생겨나게 되어, 그런 도로가 지역들을 연결해주고 있었다. 그리고 면적이 너무나 넓었기 때문에 기초적인 사회간접자본시설망 — 일반도로, 포장도로, 간이역, 작은 포구 — 을 구축할 수가 없었다.

이처럼 과거 인류가 살았던 다양한 세계들은 생활수준이나 유통문제에서 비교적 동질적인 면모를 갖추고 있었다. 반면에 언어와 방언들은 아주 다양했다. 농업에서도 지방에 따라 무척 다양한 경작법들이 있어서, 각 지역의 토양조건과 농사기술, 그리고 식생활에 적합한 방법이 채택되었다.

이처럼 농업에서 나타나는 '생태계의 다양성'과 언어생활의 다양성은 인류 사회의 다양성을 유도하여, 지구상에 사는 인류는 각 지역의 언어와 농업활동에 따라 서로 다른 특징들을 갖게 되었다. 그러나 이와 같은 '바벨탑' 현상이 인류에게 심각한 문제를 제기하지는 않았다. 왜냐하면 개인의 삶은 기본적으로 지역공동체 안에서만 이루어졌기 때문이다. 하지만 어느 정도 예외적인 경우도 있었는데, 상인들의 경우가 바로 그러했다. 거래를 성사시키기 위해서는 의사소통이 필수적이었으므로, 그들은 몇 가지 언어를 동시에 구사할 수 있었다. 말하자면 왕족이나 상인들만이 좀더 넓은 시각을 가질 수 있었고, 다른 지방 사람들에 대해서도 어느 정도 지식을 갖고 있었던 셈이다. 사실 다른 지방이라고는 해도 가까운 이웃인 경우가 대부분이었지만 말이다.

대다수의 사람들이 언제나 빈곤하고 위험에 노출된 채 살았고, 그래서 서로 비슷한 생활수준을 가지고 있었다는 것과 지리적 공간을 조직하는 양상이 곳곳마다 비슷하였다는 사실에 입각하여 당연히 세계의 동질성을 이야기할 수 있을 것이다. 그러나 인구분포마저 균등했던 것은 아니다. 인구분포에는 다른 많은 요인들이 개입하여 영향을 미치기 때문이다. 농업과 목축업의 기술이 주어진 자연환경을 어떻게 이해하고 얼마나 이용할 수 있느냐 하는 것도 중요한 요인으로 작용했고, 하천이나 산맥 따위 장애물들의 존재, 해안지형의 상태, 바다와의 관계, 개발에서 지켜야 할 수칙, 사회적 선택 등도 중요한 요인들이었다. 어떤 사회-예를 들어 일본에서는 16세기부터 그러했다-는 의도적으로 인구를 한곳에 집중시키는 정책을 선택했고, 또 다른 사회-예를 들어 18세기 스웨덴 사회-는 인구를 여러 곳에 분산시키는 정책을 취했다. 스웨덴은 큰 화재를 막기 위해 분산책을 선택했다는데, 사실 화재라면 일본에서도 스웨덴 못지않게 자주 발생하곤 했다.

대량살상이 따르는 전쟁, 약탈, 인구이동 등도 일시적으로든 지속적으로든 인구분포에 변화를 가져온다. 인류 역사는 이처럼 중대한 인구변화를 초래하는 격렬한 사건들로 점철되어 왔다.

## "유산으로 살고, 유산을 딛고 산다"

우리가 알고 있는 오늘날의 세계는 수많은 지역들의 역사가 오래도록 퇴적되고 풍화하면서 만들어진 산물이다. 지역들은 오늘날과는 판이하게 다른 영토의 개념과 경제논리를 갖고 특정한 역사적 상황 속에서 태어났다. 하지만 지역들은 그같은 상황이 바뀐 뒤에도 살아남았는데, 이는 배치와 공간적 소속이 달라져도 한번 땅에 내린 뿌리는 흔들리지 않고 오래 지속되기 때문이다. 이러한 영속성을 설명하려면 타성에 젖는 현상, 세월의 무게, 건축물과 기존 시설 및 연결망의 지속적 사용 등의 요인을 고려해야 한다. 여기서 기존 시설 및 연결망은 처음 들어설 때와는 다른 상황에서도 새로 손질하고 변화를 가한다면 여전히 사용가치가 있는 것들이다. 지난날 국제노동자동맹(International)이 내세운 구호 가운데 "과거를 백지화하자"라는 것이 있었다. 그러나 그와는 반대로 우리는 "과거를 백지화할" 수가 없다. 그래서 생긴 것이 다음과 같은 새로운 구호이다. "유산(遺産)으로 살고 유산을 딛고 산다." 이는 다시 말해서 과거로부터 물려받은 요소들은 현재와 미래에도 살아남아 어느 정도 영향력을 행사한다는 것이다. 그런 의미에서 새로운 구호는 '지역의 지리적 점착성'을 밝혀주는 일면도 있다. 하지만 여기서 한 가지 분명히 해두어야 할 것이 있다. 대대로 뿌리박고 살면서 지역에 활기를 불어넣는 인간 사회가 그 지역에 지속적으로 적응해갈 수 있는 역량을 보일 때만 유산은 의미를 갖는다는 것이다. 유산은 또 기억의 한 요소로서의 기능도 맡는다. 이때 기억이란 "인류가 살아온 세월에 대한 기억"(프랑수아 뒤랑-다스테스[François Durand-Dastès]의 말)이다.

　‘세계 거대도시군도의 섬들’에서 몇 가지 사례를 취하여 지역의 지속성이 어떤 의미를 갖는지 살펴보자. 현재 유럽의 메갈로폴리스는 유럽 대륙의 한가운데에 자리잡고 있다. 물론 사람이 거주하는 지역만을 고려했을 때 그렇다는 얘기이다. 어쨌든 과거 역사를 돌이켜보면, 라인 강에서 포 강을 잇는 선을 축으로 하여 그 주변에는 정치적 독립을 획득한 상업도시들과 금융도시들이 분포하고 있었다. 그 도시들은 보호권력의 간섭으로부터 자유로웠고, 특히 게르만 족의 신성로마 제국 치하에서 자유도시로 성장하였다. 르네상스와 종교개혁 시기에는 이 지역이 지적 활동의 온상이었으며, 에라스무스는 그 활동의 상징이었다. 선각자 구텐베르크가 태어난 곳도 이 지역이며, 프랑크푸르트는 그때부터 지금까지 중요한 금융도시로 자리를 지키고 있다. 런던 역시 비록 대영제국의 영화는 사라졌지만 세계적 금융중심지로 남아 있다. 이와 반대로 세비야는 고문서보관소의 역할밖에는 하지 못하고 있다. 세계박람회를 유치하여 한동안이나마 세계의 이목을 집중시킬 수 있었지만, 이제 세비야는 더 이상 스페인 내에서 산업을 이끄는 선두주자의 역할을 하지 못하고 있다. "로마에는 이제 로마가 없다"고 말하지만, 그래도 로마는 여전히 로마이다. 교황청이 자리잡고 있고 이탈리아의 수도이기도 한 로마는 유럽의 강력한 세력 가운데 하나이기 때문이다. 하지만 이와 관련하여 반드시 지적해둘 사실이 있다. 우선, 가톨릭 신도수가 지금처럼 많았던 적이 없음에도 불구하고 가톨릭 교회는 보편적인 종교가 되고자 하는 야심을 더 이상 감당하지 못한다. 이탈리아 역시 더 이상 그 이름난 수도에 의존하여 살아가는 허약한 나라가 아니다. 그러므로 이제 로마의 역할은 약화되고 있는 것이다. 이번에는 빈(Wien)의 경우를 생각해보자. 역시 "빈에는 더 이상 빈이 없다"고 생각할 수 있겠지만, 도나우 강을 끼고 있는 동유럽 지역이 다시 문호를 개방하면서 빈은 새로운 기회를 맞고 있다. 하지만 일반적으로 세비야, 로마, 빈은 과거에 비해 세력이 약화된 도시들이라 할 수 있다. 한편, 런던이나 암스테르담 같은 도시는 지금도 여전히 세력을 유지하고 있다. 오늘날처럼 세계화가 이루어지는 데 필요한 틀을 제공했던 과거의 '세계-경제들' 속에서 암스테르담이나 런던이 수행한 역할이 각각 어떠하였든, 란트슈타트의 도시들과 런던은 현재 세계도시로서의 면모를 잘 간직하고 있으며 유럽 메갈로폴리스의 선두주자로 활약하고 있다. 라인 강 주변지역도 지난 반세기 동안 쉬지 않고 세력을 키워왔으며, 수십년에 걸친 투쟁 끝에 평화를 되찾고 가속화된 세계화 상황속에서 굳건하게 구축된 서유럽의 중심축 역할을 다시 떠맡게 되었다.

# 우연과 필연 사이

지역을 보는 결정론적 시각에 대해서도 한번 생각해볼 필요가 있다. 일반적으로 어떤 장소들이 지속적으로 살아남는 현상은 우연과 필연 사이의 긴장에 의해서 설명된다. 이 같은 사실은 실제 사례들로 잘 입증된다. 로마 시대 이후 파리 분지에 사람들이 정착하여 살게 된 역사와 그 정착 형태들을 생각해보면, 분지 한가운데에 도시 하나가 '필연적으로 세워질 수밖에 없는' 상황이었다. 물론 그 도시의 터는 센 강과 와즈 강이 만나는 지점인 콩플랑생토노린이나, 작은 개울이 흐르고 있어 수위가 낮아지는 시기에는 손쉽게 강을 건널 수 있는 지점인 몽트로일 수도 있었다. 그러나 정작 선택된 곳은 센 강 굽이에 위치하고 남북으로 쉽게 왕래할 수 있게 육로로 연결되는 하중도(河中島)들을 갖고 있는 파리였다. 이미 로마 사람들도 파리를 이용했었다. 하지만 파리가 도시로 건설되는 데는 무엇보다도 클로비스*의 선택이 가장 큰 영향을 미쳤고, 그 다음에는 카페(Capet) 왕조**

---

* 클로비스(Clovis, 466?-511)는 메로빙거 왕조의 초대 프랑크 국왕으로, 부친 실데릭 1세의 뒤를 이어 프랑크 왕국의 토대를 다지고 가톨릭으로 개종했다.
** 987년부터 1328년까지 존속했던 프랑스 왕조로, 왕권의 확장·강화를 통해 프랑스 국민국가의 기초를 닦았다.

와 프랑스 왕실이 성공적으로 권력을 확립한 것이 중요한 뒷받침이 되었다. 이처럼 어느 시점에서 역사는 인간의 선택과 시대적 상황에 맞추어 특정 장소를 강력하게 추천한다. 그리고 거기에는 몇 가지 입지선정의 규칙들이 고려된다. 그리하여 당시의 기술수준으로 해결할 수 있는 구조를 가진 입지조건들을 가려내는 것이다. 한 가지 덧붙일 것은, 구조적 입지조건들은 어느 정도 범위가 넓은 지역을 대상으로 작용한다는 사실이다. 예컨대 파리 분지의 한가운데에 큰 도시가 들어설 수 있다든가, 갠지스 강 유역 평야가 펼쳐지는 지점에 대도시가 들어설 수 있다는 결정은 구조적 조건들에 따라 내려진다. 실제로 갠지스 강 유역 평야에는 현재 델리가 자리잡고 있다. 그러나 몽트로 대신 파리가 선택된 것은 시대적 상황과 우연한 사정에 따라서였고, 델리도 그 인근에 멸망한 옛 제국의 수도들이 여럿 있었지만 그곳들 대신 선택되었다. 이런 관점에서 볼 때 다음과 같은 지적을 할 수 있다. 우선 어떤 지역이 상당한 면적을 가지면서 일정한 인구밀도와 공간조직을 갖추게 되면, 그 주어진 조건들에 입각하여 도시를 '만들어낸다'. 그렇기 때문에 파리 분지에는 중요한 도시가 '반드시' 있게 되는 것이다. 또 도시가 들어설 구체적 장소는 특정한 역사적 상황에 의해 선택된다. 이 특정한 역사적 상황은 기존 상황의 타성에 의해 선택된 장소를 계속 유지해준다. 파리도 물론 그런 경우에 해당하지만, 프랑스의 중앙고원에 자리잡은 클레르몽페랑도 역사가 개입하여 선택된 도시이다. 클레르몽페랑은 이수아르(클레르몽페랑 남쪽의 소도시-옮긴이)가 될 수도 있었던 것이다!

여러 차례에 걸쳐 상황이 뒤바뀔 만한 일들이 일어날 수도 있었다. 프랑스 왕조가 부르고뉴(Bourgogne) 가문과 전쟁을 벌였을 때, 만일 왕조의 힘이 한 수 아래였다면 아마도 디종(부르고뉴 지방의 중심 도시-옮긴이)이 파리를 대신해서 발전했을 것이고, 라인 강과 론 강을 따라 형성되는 축이 지금보다 더 강화되었을 것이다. 만일 영국이 백년전쟁에서 이겼더라면 영국의 '수로(水路)'가 되었던 망슈 지방과 가까운 거리에 있는 루앙은 지금보다 훨씬 중요한 도시로 성장했을 것이다. 그러나 실제 역사는 이와는 다르게 전개되었다.

뉴욕은 미국 북동부의 메갈로폴리스 내부에서 중심적인 역할을 하는 인구밀집 지역이지만, 보스턴이나 필라델피아가 그 자리를 대신할 수도 있었다. 하지만 뉴잉글랜드의 입지조건, 그리고 당시 갓 태어난 신대륙의 공화국과 유럽 사이의 관계를 고려할 때, 북동 연안의 도시들이 선택되어 아메리카라는 공간을 점진적으로 조직하는 데에 지도적인 역할을 하게 된 것은 지리적으로 보아 대단히 논리적인 선택이었다. 왜냐하면 19세기경 북동 연안의 도시들은 유럽에서 들어오는 이민들이 배에서 내려 처음으로 아메리카 대륙에 발을 내딛는 항구였기 때문이다.

좁다란 평야를 끼고 인구가 밀집해 살고 있던 가난한 옛 일본은 도시인구의 양극화 현상이 일어날 수 있는 환경이었다. 그리고 실제로 지난 5세기를 거치면서 칸토오 평야에 위치한 에도(江戸, 나중에 토오쿄오로 명칭이 바뀌었다)가 하나의 극이 되고, 칸사이 지방에 위치한 쿄오토와 나라가 다른 하나의 극이 되어 인구가 양분되었다. 또한 이 두 중심지를 연결하는 도로인 토오카이도오(東海道)가 있어, 그 도로가 통과하는 지방에는 군데군데 다른 도시들도 발달하고 있었다. 메이지 유신으로 인해 에도는 쿄오토나 그 밖의 다른 칸사이 지방의 도시들보다 더 중요시되었다. 18세기에 인구 100만 명을 헤아리던 에도는 실제로 당시로서는 세계에서 가장 거대한 도시 가운데 하나였다.

이상에서 살펴본 도시들은 모두 '세계-경제' 시대에 이미 한 나라의 수도나 상업망의 선두도시들로 성장하고 있었다. 그리고 20세기 후반에 이르러서는 '세계-도시들'이 되어 거듭 성장하고 있다. 그리하여 그들 상호간에 형성되는 연결망이 오늘날 세계의 메갈로폴리스들을 만들어내고 있다.

여기서 반드시 기억해두어야 할 것은 시간의 흐름에 따

른 변화이다. 도시들이 처음에는 매우 국지적인 공간이었다가 점점 더 넓은 지방을 포괄하는 공간으로, 그리고 다시 세계적 공간으로 발전한다는 것, 그리고 이러한 지역규모의 변화와 관련하여 지향 목표도 함께 변한다는 것을 중요한 사실로 새겨두자. 한편, 지역규모의 발전에 따른 새로운 공간의 탄생은 기존 공간의 몰락을 의미하기도 한다. 메이지 유신 당시의 토오쿄오는 세계적 대도시로 변한 오늘날의 토오쿄오가 아니었다. 오스만 제국 제1의 도시로 이름이 높았던—제2의 로마인—콘스탄티노플은 이스탄불이 되었지만, 지금의 이스탄불과는 다른 도시였다. 역사상 일찍이 가져보지 못한 막대한 인구 규모를 자랑하고는 있지만, 세계에 미치는 영향력은 옛날 비잔틴 문화가 꽃피던 시대(5~8세기)나 오스만 제국의 전성기에 비해 오히려 줄어든 것이다.

## 세계의 관심 지역—오래된 지역과 새로운 지역

예나 지금이나 활기와 자극이 넘치는 지역들, 축적된 자본과 지식까지 갖추고 있어 남을 지도하는 입장에 있는 그런 지역들만이 세상을 움직이는 것은 아니다. 상징성이 강한 지역들도 역시 큰 영향력을 가지기 때문이다. 성경에는 소위 '높은 곳'(haut lieu)이라 불리는 장소들이 등장한다. 그

것은 예루살렘에 솔로몬 성전을 짓기 전에 유대인들이 산
위에서 신에게 제사드리던 장소를 뜻한다. 이 '높은 곳'이라
는 표현은 그 뒤로도 계속 사용되며 전해 내려왔고, 장 라신*
도 희곡 『아탈리』(Athalie)에서 그 표현을 쓰고 있다. 유대
교, 그리스도교, 이슬람교의 신자들에게 예루살렘은 바로 그
처럼 특별한 곳 가운데 하나이다. 그렇기 때문에 예루살렘
은 대단히 중요한 도시가 되었고, 로마 시대에서 십자군전
쟁에 이르기까지 역사상 엄청난 의미를 안고 있었다. 금세
기 들어 이스라엘이 독립국가가 되면서 상징적이며 전략적
인 의미를 띤 이 도시는 기이하게도 과거와 같이 다시 국제
적 쟁점으로 등장하게 되었다. 그리하여 그곳에서 일어나는
일은 국제적으로도 중요한 의미를 갖게 되었다. 예루살렘
근처에서 테러 사건이 발생하여 많은 사상자가 생기게 되면,
아마도 전세계 주요국가의 원수들은 모두 시나이 반도에 있
는 이집트의 도시 참 엘 체이크(Charm el Cheik)**에 모일
것이다. 하지만 그보다 훨씬 많은 사상자를 낸 테러 사건이

* 장 라신(Jean Racine, 1639-1699)은 프랑스 고전비극 작가로, 『앙드로
마크』, 『페드르』 등 많은 비극을 써서 17세기 프랑스 고전비극의 최
고 경지를 보여준 극작가로 평가받고 있다.
** 시나이 반도 남단에 위치한 이집트 영토로 1967년 6일전쟁 이후 이
스라엘에 의해 점령되었다가 1982년 4월 다시 이집트에 반환되었다.
따라서 중동지방의 분쟁에 대해 시사하는 바가 많은 곳이다.

스리랑카에서 일어난다면, 기껏해야 국제 통신기관들이 몇
줄의 단신으로 쓸 만큼의 관심밖에는 끌지 못할 것이다. 극
비리에 성지(聖地)의 땅밑을 통과하는 지하 터널이 만들어
진 사실은 이스라엘과 팔레스타인 사이에 진행되던 평화협
상을 위태롭게 만들었고, 이는 1996년 세계의 외교적 관심
을 모으는 중대 사건이 되었다.

　세계의 주요 종교들이 성지로 숭배하는 지역에서는 예
배장소가 늘 민감한 논란거리가 되어 갈등을 불러일으킨다.
그것은 무신앙이 신앙에 버금갈 만큼 크게 확산된 오늘날의
세계에서도 마찬가지다. 특히 같은 성지가 둘 이상의 종교
에서 성스러운 의미를 가진다면, 그것은 더욱 더 민감한 논
란거리가 될 수밖에 없다. 예루살렘이 그러하고 인도 우타
르 프라데시 지방의 아요댜(Ayodyah)*도 그러하다. 아요댜
에서는 한편으로 힌두교도들이 브라마의 사원에 가서 예배
하고 있고, 다른 한편으로는 이슬람교도들이 이슬람 사원을
세우고 있다. 이러한 성지는 신앙의 장소, 기억의 장소이며
또한 예술의 장소가 되기도 한다. 성지가 예술의 장소가 되
면 인류의 유산 목록에 들어간다. 사실 이 '인류 공동의 유

---

* 아요댜는 인도 북부 우타르 프라데시 지방에 위치하고 있는 고도(古
都)이다. 18~19세기 코살라 왕국의 수도였고 '우드'라는 이름으로도
알려져 있다.

산'이라는 개념은 아직까지는 조금 애매하게 이해되는 개념
이다. 그러나 어쨌든 이 개념이 점차 자리를 잡아가고 있는
것이 사실이고, 그에 따라 유네스코의 전문가들이 나서서
몇몇 의미깊은 장소들을 보호해야 할 유산으로 지정하고 있
다. 보호대상으로 지정된 '인류의 유산' 목록에는 앙코르로
부터 키토에 이르기까지 많은 장소가 들어 있다.* 자연도
역시 보존해야 할 유산이라는 시각에서, 빼어난 자연환경들
이 그 목록에 포함되어 있다. '인류가 공유해야 할 예술적
유산이나 도시 유적'이 있듯이, 다가올 미래의 세대를 위해
간직해야 할 탁월한 자연의 유산도 있다. 그래서 자연공원
이나 보호구역을 설정하여 멸종 위기에 있는 동식물과 훼손
위기에 있는 자연경관을 보존·보호하는 것이다. 이같은 보
호활동에는 '생태보호구역'으로 지정받고 있는 나라들이나,
세계야생동물보호재단(World Wild Life Foundation)과 같은
'세계적' 비정부단체들(NGO), 그리고 유네스코가 함께 협
력하고 있다. 이처럼 세계화는 경제 이외의 분야까지도 영
향을 미치고 있으며, 그리하여 다수의 지역들에 대해 보호
받을 자격을 인정하고 강력한 상징적 가치를 부여하는 데

* 앙코르는 9세기에서 15세기에 이르는 동안 지속된 크메르 왕국의 수
  도였던 곳으로, 유명한 앙코르와트 사원을 비롯하여 많은 유적들이
  남아 있다. 키토는 남미 에콰도르의 수도로, 스페인 식민지 시대의 건
  조물들이 많이 남아 있다.

이바지하고 있다.

한편, 단지 일시적으로만 세계인의 이목이 집중되어 '관심지역'으로 탈바꿈하는 곳에 대해서도 살펴보자. 물론 이 세상에는 언제나 순례자들이 찾아드는 종교적 성지들이 줄곧 있어왔고, 순례자들이 대규모로 운집하는 시기가 아니더라도 그 지역의 성스러운 성격은 계속 유지되어 오고 있다. 이에 비해 세계적으로 중요한 스포츠 경기가 벌어지는 곳은 한시적인 '수도(首都)'가 되고 대중매체의 조명을 받음에 따라 일시적으로 성지나 보호구역처럼 '관심지역'의 성격을 띠게 된다. 월드컵 축구대회나 올림픽 경기가 개최되는 지역이 그 대표적인 예이다. 이같은 세계 주요경기의 개최지에서 경기가 지속되는 기간에 발생하는 모든 우발적인 사건들(사고나 테러 행위)은 세계적인 반향을 불러일으킨다. 그 예로 뮌헨에서 있었던 이스라엘 육상선수단 학살사건, 1996년 백주년 기념 올림픽 경기가 개최중인 애틀랜타에서 일어난 테러 사건 등을 들 수 있다. 이 사건들은 대회참가국의 대표선수들이 한꺼번에 모임에 따라 기자들과 대중매체들, 특히 텔레비전 방송팀들이 대거 모여든 상황이었기 때문에 더욱 쉽게 전세계에 보도될 수 있었다.

# 과거의 자연재해와 오늘날의 자연재해

공간의 밀도가 높아지고 도시와 도시 기반시설들이 들어서면서 자연발생적인 사고의 위험도 가중되고 있다. 실제로 20세기는 인류 역사상 가장 많은 자연재해를 입은 세기일 것이다. 구체적인 피해상황을 살펴보자. 먼저, 자연재해로 사망한 인구는 600만 명에 이르는데, 그 대부분은 홍수로 인한 것이었다. 다음으로, 자연재해가 야기하는 인명 및 재산피해는 매년 크게 늘어나, 인구증가율보다 훨씬 높은 4%라는 엄청난 증가율을 기록하고 있다. 더구나 지역별로 상이한 피해상황을 보이고 있어, 재해지역의 생활수준까지도 반영하고 있다. 좀더 구체적으로 보면, 인명피해는 95%가 후진국에서 발생하는 데 비해, 피해액수로 산출되는 재산손실은 대부분 선진국에서 발생한다. 20세기에 들어와 자연재해를 보상하기 위해 보험회사들이 지급한 보험금 총액은 500억 달러나 된다. 그 가운데 절반은 사이클론으로 인한 피해보상액이었고, 4분의 1은 홍수피해에 대한 보상액이었다. 그리고 그처럼 많은 보험금은 사실상 유럽과 북미 대륙에서 지급되었다. 그러나 보험금 500억 달러는 총피해액 중 극히 일부분에 지나지 않는다. 예를 들어 1923년 일본 칸토오 대지진의 피해액은 당시 일본 국민총생산의 10%에 이르렀고, 1995년 코오베 지진의 피해액도 국민총생산의 2%나 되었다. 세계 전체를 대상으로 살펴보면, 앞에서도 언급했듯이 인명 및 재산피해를 나타내는 곡선이 인구증가를 나타내는 곡선보다 더 급격한 증가추세를 보이고 있다. 그 원인을 분석해보면, 무엇보다도 자연재해 위험이 있는 지역의 인구밀도가 점점 더 높아지고 있기 때문이다. 특히 언제나 가장 많은 피해를 입히는 홍수 위험에 노출된 지역의 인구밀도가 매우 빠른 속도로 높아지기 때문에, 그 피해도 그만큼 큰 규모로 늘어날 수밖에 없는 것이다.

　역사의 흐름에 따라 자연재해의 위험성도 변화되어 왔다. 지진은 농민보다 도시민에게 더욱 두려운 것이었다. 지진이 일어날 때 지하에서부터 번져오는 진동도 농경지보다는 도시지역에서 더 심각한 피해를 초래했다. 반면에 가뭄은 먼저 농업지대부터 피해를 입혔다. 다행히 가뭄의 피해는 특히 아시아 지역에서 최근 수십 년 동안 많이 감소했는데, 그것은 인도와 중국에서 관개시설의 확충이 추진된 데 따른 결과이다. 그리하여 가뭄으로 인한 기근의 피해도 줄어들었다. 그러나 아프리카의 사하라 지방이나 브라질 북동지방은 관개시설이 없어 가뭄 피해를 피할 수 없는 경우가 많으며, 특히 농촌의 인구밀도가 점점 높아지는 추세인데다 주민들의 생활기반이 취약하여 그 피해가 더욱 늘어나고 있다. 그러면 홍수의 경우는 어떤가? 댐을 막고 제방을 쌓지만 홍수는 여전히 무서운 재앙으로 막대한 피해를 입히고 있으며, 자연재해로 인한 인명손실 가운데 대부분은 홍수가 그 원인이다. 큰 홍수가 1996년 중국 남동지방을 휩쓸었고, 1995년에는 독일과 네덜란드 그리고 미국에도 막대한 피해를 가져왔다.

인도와 같은 몇몇 지역에서는 홍수가 지나간 뒤 소위 '보상효과'라는 것이 생긴다. 홍수가 갠지스 강 유역의 분지를 강타한 해에는 계절풍이 평균치보다 많은 양의 비를 몰아오고, 그에 따라 갠지스 강 유역의 전역에서 대체로 풍년을 맞이하게 된다. 그러니까 이 풍작은 하천 유역의 많은 것을 파괴한 홍수 피해를 메워서 균형을 잡는 역할을 하는 셈이다. 다시 말하면 홍수가 하천을 따라 일으키는 '선적(線的)' 손실을 넓은 면적에서 거두는 농산물의 풍작으로, 즉 '면적으로' 보상한다고 볼 수 있다.

일반적으로 자연재해의 위협을 받는 지역이라 해서 반드시 그곳의 인간활동이 위축되는 것은 아니다. 비록 그 위험성이 심각한 수준에 있는 지역이라 할지라도 인간의 활동은 계속 발전해간다. 지역에 따라 애초부터 위험성이 알려진 경우도 있고 사후에 위험성을 실감하는 경우도 있지만, 그것이 문제가 되지는 않는다. 자바 섬이나 중앙 아메리카

의 화산지대 중턱에는 많은 인구가 몰려산다. 그 지방의 토
양이 질이 좋아 농민들을 유인하기 때문이다. 사실 화산폭
발 때 입은 손실은 장기적으로 풍요로운 농산물 수확과 그
에 따른 높은 수익성으로 충분히 보상될 수 있다. 한편, 안
데스 산지에는 스페인 사람들이 들어와 산간분지에 도시를
세웠다. 멕시코시티, 보고타, 키토, 쿠스코 등은 산간분지 지
형으로, 그들이 도시를 세우는 데 유리한 자연적 입지조건
을 가졌다. 산티아고나 리마처럼 산기슭에 세워진 도시도
있다. 이러한 지방에 터를 잡은 스페인 사람들은 곧 그곳에
도사린 지진의 위험을 깨닫게 되었다. 그리하여 '크리스토
데 로스 템블로레스'(Cristo de los Temblores), 즉 '지진의 그
리스도'에게 바치는 경배와 예식이 중요한 종교의식으로 뿌
리내리게 되었다. 그러나 지진의 위험이 도시 입지에 영향
을 미치지는 않았다. 심지어 페루의 아레키파처럼 1년에
2~3차례나 지진을 겪어야 하는 경우에도 마찬가지로 결코
도시의 입지가 변경되는 일은 없었다. 일본에서는 메갈로폴
리스에 포괄된 모든 도시들이 어느 정도 지진의 위협을 받
고 있다. 토오쿄오는 1923년의 대지진으로 대파되었다. 더
구나 당시의 피해는 진동 자체의 피해보다는 진동으로 인해
화로가 다다미 위로 넘어지면서 집안에 불이 나 피해가 더
욱 컸다. 또한 1995년 1월의 지진으로 코오베 시내와 항만

시설은 엄청난 손실을 입었다.

현재 전체 인류의 3분의 1이 자연재해 위험이 있는 지역에 자리잡고 산다. 아시아의 계절풍 지대에 위치하는 충적 평야와 삼각주 지역은 홍수가 자주 발생하는 지역으로, 그 피해도 갈수록 심각해지고 있다. 인구밀도의 증가에 따라 범람에 특히 민감한 하천 양안의 저지대에도 주민들이 정착해서 살고 있기 때문이다. 또한 이른바 '환태평양 화산대'에 속하는 지역(일본의 메갈로폴리스, 로스앤젤레스와 샌프란시스코를 포함하는 미국 서부의 메갈로폴리스, 남미 안데스 산지에 위치한 도시들)에는 수많은 도시들이 세워져 지진과 화산폭발의 위험 속에 살고 있다.

과거부터의 인구거주 지역이 오늘날에도 그대로 이어지고 있다. 그러나 지구를 연구하는 다양한 과학이 발전하고 역사적 자료들을 재구성하여 과거에 있었던 재해상황을 정확하게 되살릴 수 있게 됨에 따라, 자연재해의 원인과 주기 그리고 빈도수 등에 대해 보다 진전된 지식을 갖게 되었다. 그리하여 '순수한 의미의 우연(hasard)'이라는 표현 대신 '예견된 우연(aléa)'이라는 표현이 쓰이게 되었다. 이 '예견된 우연'의 의미는 페기가 다음과 같이 상세히 설명하고 있다. "예견된 우연에 속하는 현상이란 어떤 정해진 환경에서 발생하기 때문에 그 성격과 기제가 알려져 있지만, 그 정해진

환경이 과거에 어떠한 모습이었는지를 아는 것만으로는 다음번에 발생하게 될 일시나 장소를 정확하게 예측할 수 없는 현상을 말한다." 그러나 자연재해와 그 재해지역에 대한 지식은 어느 정도 재해상황을 예측할 수 있게 하여, 우리는 그 예측에 기초하여 피해예방책을 세울 수 있다. 우선, 지역과 시기별로 하천범람을 막는 데 필요한 제방의 높이와 수압에 대한 저항력을 계산할 수 있다. 그리고 도시건축 분야에서 내진구조를 가진 건물과 사회간접자본시설을 건설하기 위한 규정을 마련할 수 있다. 물론 그 경우 건설비는 10~20%쯤 더 들게 된다. 그 밖에 인공위성에서 보내오는 영상의 도움을 받아 태풍의 접근을 알리는 정교한 경보체계도 마련할 수 있다. 그러나 이같이 진전된 대책들에도 불구하고 결과는 앞에서 이미 살펴본 그대로이다. 아마도 20세기는 역사상 가장 많은 손실을 가져온 자연재해의 세기일 것이고, 자연재해가 야기하는 인명손실이 20세기만큼 '부자'와 '빈자' 간에 불균등하게 분포된 세기도 없을 것이다. 대중매체에 의한 재해 관련 보도에도 불균등함이 존재한다. 1976년에 중국 북동지방에서 발생한 지진은 기껏해야 신문에 짤막한 기사로 실릴 뿐이었지만, 사실 그것은 유사 이래 가장 많은 사상자를 낸 지진이었다(사망자만 50만 명으로 추산된다). 사실 그 당시 중국은 아직 서방에 대해 굳게 문을

닫고 있었다. 그렇다면 방글라데시의 경우는 어떠한가? 이
나라의 홍수는 차라리 일종의 '당연지사', 비극적이기는 하
나 흔히 있는 다반사로 취급되고 있다. 이에 반해, 1995년
독일과 네덜란드를 덮친 홍수는 단 한 사람의 희생자도 생
기지 않았지만 당시에는 매일같이 텔레비전 뉴스를 메우는
사건이었다. 그런 의미에서 자연재해와 그 피해 정도에 대
한 관심은 불평등한 오늘날의 세계를 잘 반영한다고 볼 수
있다.

## 지속되는 갈등과 분단

갖가지 분쟁들을 통제하던 지난날의 조정기제들이 사라
지자, 곧바로 분쟁의 불이 붙는 사태가 곳곳에서 재연되고
있다. 경제적 이해와는 무관하게 벌어지는 이러한 사태는
이제 이른바 '강대국들'이 주목하는 '전세계적 관심사'가 되
고 있다. 예컨대 보스니아와 구유고슬라비아의 경우를 살펴
보자. 이 분쟁에서 우리는 그리스정교와 가톨릭교 사이에,
오스트리아-헝가리 제국과 터키 제국 사이에, 나아가 그 옛
날 로마 제국과 비잔틴 제국 사이에 존재했던 전통적 갈등
이 다시 고개를 들고 있음을 알 수 있다. 페기는 앞서 언급
한 그의 저서 『수평과 수직』에서 그러한 적대관계의 지속성

에 대해 분석하고 있다. 그에 따르면, 구유고슬라비아 지역
에서는 민족의 기억 속에 간직되어온 과거의 학살사건들이
되살아나면서 옛날의 원수를 갚아야 한다는 생각이 현재의
분쟁을 정당화하는 데 이용되고 있으며, 유럽 또한 그 분쟁
에 대해 무관심할 수 없다는 것이다. 사실 사라예보 사태는
1914년부터 시작하여 1990년대에 이르기까지 지속되어온
일련의 연속적 비극들이 이루는 역사적 맥락 속에 자리잡고
있다. 하지만 외부에서 그 분쟁에 개입하는 나라들은 각자
다른 입장을 취하고 있다. 러시아는 '남슬라브 족' 주민들을
보호하는 후견인 노릇을 하고 싶어하는 반면, 아시아와 아
프리카의 이슬람 국가들은 보스니아에 뿌리내리고 사는 이
슬람교도들을 지원하고 있다. 한편, 서로 이웃하여 사는 민
족들인데도 불구하고 같은 지역에 대해 같은 의미를 부여하
지 못하는 불행도 그 지역에서 발견된다. 세르비아 인들에
게 코소보(Kosovo)는 이슬람교도에게 패배하는 고통 속에서
세르비아 민족이 태어났던 곳으로, 말하자면 민족의 발원지
가 된다. 그러나 코소보의 주민 대다수를 차지하는 알바니
아 인들에게는 그곳이 바로 자기들이 뿌리내리고 사는 영토
인 것이다. 그 밖에도 세계 곳곳—특히 코카서스 지방 같은
곳—에서 과거의 오랜 영토문제가 부활하고 있으며, 새로운
분단도 계속 빚어지고 있다. 페르시아와 아랍 세계 사이에,

또는 메소포타미아의 민족들 사이에 그어졌던 천년 묵은 경계선도 되살아나, 1980년대 이란과 이라크의 분쟁 당시 그 영향력을 행사했다.

세계화라고 해서 '낡은 역사'를 모두 지워버리지는 못한다. 지난날의 해묵은 기억들이 정치적·경제적으로 전혀 다른 환경 속에서도 계속 살아남아, 이 시대 사람들과 그 지도자들의 기억 속에 생생하게 자리잡고 있다. 이러한 역사적인 지역들은 그 지정학적 맥락 속에서 오늘날 가장 역동적인 국제적 지역으로 되살아나고 있다.

## 경계선의 영속성

분쟁이나 폭력과는 전혀 상관없는 경우에도 아주 오랜 경계선들이 여전히 현대인들의 삶에 영향을 미치고 있다. 오늘날 프랑스 사람들의 도시생활 터전이 되고 있는 3만 6천여 코뮌(commune)—가장 기초적인 행정단위—조직은, 과거 구체제(Ancien Régime)하에서 형성된 가톨릭 교구의 경계를 바탕으로 행정구역을 설정한 프랑스 혁명의 유산이다. 그런데 이 교구의 경계도 알고 보면 중세 13세기 때의 인구 증가와 황무지 개간으로 인해 생겨난 것이다. 다시 말해서 페스트가 휩쓸고 지나가기 전, 중세의 인구가 최고치를 기록하던 당시의 경계와 대동소이하다는 얘기이다. 중국에서는 지방의 수도들과 경계선들이 2천 년이 넘게 그대로 지속되어 왔으니, 그 또한 대단한 일이다. 그러나 이처럼 오랜 기간에 걸쳐 영역을 구분해온 경계선들이 있는 반면, 프랑스 왕조 시대 교회의 관할구역 같은 많은 경계선들은 마침내 사라지면서 망각 속에 묻히게 된다.

이처럼 사람들은 경계선들이 만들어내는 영역분할의 틀 속에서 살아간다. 그 영역분할이 현대사회의 요구나 현대적 공간조직에 별로 부응하지 못하는데도 말이다. 전승된 제도는 현실보다 우위를 차지하고, 내용이 변화해도 경계선은 유지된다. 그리하여 행정적인 경계든 이웃 국가들을 분리하는 국경이든, 많은 경계선들이 처음 설정될 당시의 목적을 상실한 뒤에도 영속하게 된다. 그 의미는 달라져도 경계선은 남게 되는 셈이다. 사실 일단 만들어진 경계선에 대해서는 그것을 통째로 이동시키기보다는 그 통제적 성격을 완화하는 편이 더 낫고, 아예 없애버리기보다는 그 기능을 축소하는 편이 더 낫다. 지역을 토대로 세계를 연구하려면 역사적 시기나 사회들간의 경계선을 초월하여 존재해온 현실들을 고려해야만 한다.

## 공간조직의 논리 탐구

크리스티앙 그라탈루(Christian Grataloup)는 입지선정에
서 '필연'이 '우연'보다 더 중요한 역할을 한다고 생각한다.
그것을 밝히기 위해 그는 역사적으로 중요한 지역의 입지에
대한 해석을 시도하고 있다. 그의 해석은 주어진 한 지역에
바탕을 두고서 스스로 명명한 '원리'에 근거하고 있는데, 그
의 저서인 『역사의 장소들: 체계적 역사지리학 시론』에 따
르면 "원리란 공간적 역동성을 가리키는 하나의 시공간적
모델이자, 모델로서의 단순성을 지닌 지리적·역사적 논리로
서 보편성을 지니는 것이다." 그의 설명은 특정 지역의 입지
에 대한 현대적 의미보다는 역사적 가치의 해석에 더 유리
하다. 그러나 그가 말하는 역사의 장소들은 지금도 변함없
이 존재하고 있고 현재의 상황을 이해하는 데 참고가 될 수
있다는 점을 생각한다면, 그의 해석도 고려해볼 만한 가치
가 있다.

예를 들어 '콘스탄티노플의 원리'는 제국의 영토 한가운
데를 벗어나 한쪽으로 치우친 곳에 수도가 자리잡는 것을
말한다. 이 원리는 외부의 위협에 대처하기 위한 방안에서
나온 것이다. 그러므로 이 원리에 따르면 수도는 외부의 위
협을 가장 많이 받는 국경 부근에 정해지고, 그 배후에 펼쳐

지는 후방의 지원을 받게 된다. 그 덕분에 콘스탄티노플은 제2의 로마가 되었다. 베이징의 경우도 마찬가지다. 베이징은 중국땅을 장악한 대제국 원나라의 영토 중에서 북부지방에 해당하는 곳, 즉 만리장성 가까이에 위치한다. 그러나 중국 대륙의 중심부에 위치한 난징보다 오히려 더 오랫동안 수도로서의 역할을 맡고 있다. 한편, '하카타(博多)*의 원리'를 설명하기는 좀 복잡하다. 일본은 중국이라는 큰 세력의 외곽에 자리잡고 있으면서 동시에 근대 이후 유럽 선박들이 왕래하는 항로의 종착지이기도 하다. 전국이 같은 기후권에 속해 있어 농산물 생산의 상호보완성에는 문제가 없으며, 다도해의 섬나라라는 자연적 입지조건도 갖추고 있다. 일본은 유럽 중앙부에서 성장하기 시작한 '세계-제국들'의 흥망성쇠의 영향이 미치지 않는 구석진 곳에 위치한다. 이같은 일본의 위치는 실제로 하카타 전투(1281년)에서 몽고군이 패배한 사실에서 그 유효성을 유감없이 입증하였다. 그로부터 이러한 입지조건을 '하카타의 원리'라고 부르게 되었다. 17세기 토쿠가와(德川) 시대에는 유럽의 영향을 봉쇄하는 정책을 폄으로써, 인구밀도가 높고 가난한 일본의 폐쇄성을 한층 더 심화시켰다. 19세기 후반에는 일본 정부의 근대화

* 일본 후쿠오카 현의 후쿠오카 시 동부지역을 일컫는 옛지명.

정책이 시행되었지만, 그 정책에 힘과 의미를 실어준 것은 사실상 폐쇄적 입지조건을 극복할 수 있는 내부적 상황의 변화였다. 당시 일본의 분위기가 개방을 향해 방향을 전환할 준비가 충분히 되어 있었던 것이다. '포로프랭스*의 원리'는 앞의 두 원리에 비하면 다소 평범하다고 여겨지는 논리에서 출발한다. 즉, 중앙정부가 위치하는 지역이 갖지 못한 어떤 잠재력을 다른 하위지역들이 가지고 있다면, 당연히 이 하위지역들을 지배해야 한다는 논리에 기초한 것이다. 그 실례로 유럽인들이 무역풍의 도움으로 접근할 수 있었던 서인도 제도의 열대섬들을 들 수 있는데, 이 지역은 유럽에서 생산되지 않는 각종 상품들, 특히 설탕과 커피 그리고 면화를 유럽인들에게 공급했다.

## 일정한 거리측정법

그라탈루가 명명한 '원리'들은 자연적 입지조건과 위치에 입각하여 도출된 것이다. 그런데 이 자연적 입지조건이나 위치는 거리에 대한 평가와 밀접하게 관련되어 있다. 그리고 모든 거리는 접근 가능성, 도달 시간, 통과 비용 등의 개념에 입각하여 표현된다. 그렇다면 그라탈루의 원리가 토

* 포로프랭스(Port-au-prince)는 아이티의 수도이다.

대로 삼고 있는 거리는 산업혁명 이전에 있었던 '세계-제국들'이나 '세계-경제들'에서 사람들이 생각하던 그런 거리인 셈이다. 다시 말해서 이동해야 할 거리와 면적이 어느 정도 동질적인 시각으로 관찰되던 시대의 거리였다. 앞에서도 언급했지만, 당시 육로를 이용한 이동은 세계 어디서나 사람이 걷는 속도를 기준으로 하고 있었으며, 이동중의 숙박지는 하루에 이동할 수 있는 거리인 30~40km 간격으로 점점이 분포하고 있었다. 또한 갖가지 짐도 사람이나 짐승, 수레에 의존해야 했으므로 운반물의 크기와 양에 제한을 받았다. 때로 군왕에게 긴급한 소식을 전하거나 혹은 군왕의 명령을 전달하기 위해 전령이나 심부름꾼이 이용되기도 하였는데, 그같은 경우에는 도보든 탈짐승을 이용했든 간에 정보전달 속도가 조금 빨라질 수 있었다. 수로(水路)는 필요에 따라 일시적으로 또 매우 한정된 지역에서 이용되었다. 강물의 흐름에 따라 올라가는 속도와 내려가는 속도가 달라지는 이 수상교통은 센 강 유역 분지에서 볼가 강 유역 분지에 이르기까지 몇몇 입지조건이 충족된 지역에서 이용되었다. 해상교통은 무역풍과 계절풍, 그리고 조류를 이용하였다. 항해선박이 잠간씩 머무는 기항지들은 점차 발전하는 항해기술에 따라 조금씩 변천하였다. 그러나 중국의 경우 육지에서 가깝고 먼 거리를 가는 데 걸린 시간은 기원전의 전국시대나 18세기 말엽 건륭제 시대나 크게 다르지 않았다. 정보와 물자, 그리고 평민, 군주 등 모두가 서로 비슷한 속도로 이동하였다. 이처럼 거리를 계산하는 데 동일한 규칙이 적용되고 있었기 때문에 공간의 성격도 동질적일 수밖에 없는 시절이 오래 지속되었다.

## 전승되는 공간의 규칙성

세계 어느 곳에서나 거리의 제약이 규칙적으로, 요컨대 동질적으로 작용하였고, 증기기관이 발명되기 전까지는 경사지와 같은 일부 자연적 장애물들도 그다지 큰 구속력을 갖지 못했던 그 시절에는 소도시들의 분포도 당연히 어떤 규칙성을 나타내고 있었다. 원래 도시에는 법관, 지주, 세무관 등이 거주하였다. 따라서 도시의 입지조건 가운데 하나는 주변 마을이나 농장을 하루에 왕복할 수 있는 거리에 있어야 한다는 것이었다. 그에 따라 농촌지역을 배경으로 하는 도시들은 두 도시 사이의 거리를 대략 30km 정도로 하여 일정한 간격을 두고 분포하게 되었다. 이같은 현상은 중국의 쓰촨(四川) 지방이나 독일의 바이에른 지방에서 똑같이 찾아볼 수 있으며, 갠지스 강 유역 평야와 포 강 유역 평야에서도 똑같이 발견된다. 농업지역에 자리잡은 이런 소도시들 가운데 더러는 활기없는 작은 마을로 전락한 경우도 있지만, 어떤 도시들은 현재 농촌 산업화의 집적소 역할을 하고 있다. 바이에른 지방과 중국 동부지방에서 그같은 사실을 확인할 수 있다.

## 활동적인 공유영역과 버림받은 내부지역

지구상에 인구가 어떻게 분포하는지를 이해하기 위해서 반드시 짚고 넘어가야 할 지역들이 있다. 흔히 다른 지역들에 대해서는 자연적인 지형, 인문적인 환경, 기하학적인 크기, 인구집단 등을 누누이 설명하면서도 그 지역들만은 얼핏 소홀히하기 쉬운만큼 더욱 주의를 기울여야 한다. 우선, 바다와 멀리 떨어져 위치하는 중앙아시아는 대륙적 특성이 강해 인구가 밀집해 살기에는 그다지 적절한 곳이 아니다. 계절에 따라 기온의 변화가 심하고 건조기후 지역이 넓은 까닭이다. 그 반면에 지중해처럼 수심이 얕은 연해에 접한 연안지방은 약간의 항해술만 있어도 드나들 수 있기 때문에 교류가 활발해진다. 더구나 서로 다른 환경을 가진 지역들이 만나는 접촉지대는 공유영역(interface)을 형성하기 때문에 교류가 더욱 활발해진다. 일반적으로 해안지방은 자연환경이 다른 두 지역, 즉 상호보완적인 자원을 보유하는 두 지역이 만나는 대표적인 곳이다. 역사적으로 물자 교류에는 이같은 해안지방이 라틴 아메리카의 아마존 유역처럼 동질적인 내륙지방보다 훨씬 유리했다. 그러나 해안지방의 가치는 상황에 따라 다양하게 달라질 수 있다. 프랑스의 대서양 연안에 위치한 항구들은 아메리카가 건설됨에 따라 활발하게 움직이면서 그 가치를 인정받게 되었다. 이에 관해서는 프랑스의 보르도, 라로셸, 낭트를 생각해보면 쉽게 이해가 갈 것이다. 이 도시들은 제각기 바다 건너 세계와는 아무런 상관없는 대서양 연안의 한 지방에 있었지만, 신대륙 개척에 따라 대서양 항로의 중심도시로 떠오르게 되었다. 하지만 그 후 선박의 적재량이 증가하고 항해 환경이 변하면서 위의 세 도시를 포함한 대서양 연안 항구도시들의 가치가 다시 상실되는 경우도 있었다. 예컨대 브르타뉴 지방의 항구들은 홀수(吃水)*가 작고 습선거(濕船渠)**가 너무 좁아 대형 선박이 드나들기 어려운 곳으로 되어버렸고, 지나치게 길고 수심은 너무 얕은 하구(河口)도 마찬가지로 이용가치가 떨어졌다. 그러고보면 지난날의 유산이라고 해서 모두 다 존속할 수 있는 것은 아니다.

* 배 밑이 물에 잠기는 깊이나 정도.
** 항만설비의 하나로, 육지를 파내어 수면을 만들고 그곳에 안벽(岸壁)을 두른 다음 부두와 잔교를 갖춰, 바람이나 조수에 관계없이 배가 드나들며 짐을 싣거나 내릴 수 있게 만든 시설.

하지만 일반적으로 볼 때, 바닷가나 호숫가에 위치하며 기후상 동질지역을 이루는 지방은 여러 가지 이유로 내륙지방보다 많은 인구가 밀집하게 된다. 브르타뉴 지방을 따로 떼어놓고 보거나, 프랑스 전체나 아시아와 아메리카 대륙 전체를 보더라도 역시 그러하다. 다만 지역규모에 따라 그 원인을 설명하는 방법은 달라진다. 우선 브르타뉴 지방의 경우를 보자. 이 지방의 해안에는 집약적 채소재배, 관광산업과 해양산업(어업, 유람선 운항, 항만 경영)이 집중되어 있는 반면, 켈트 어로 '아르고아'라 불리는 내륙지방은 오로지 농업에만 종사한다. 그러니 당연히 인구도 해안지방이 내륙지방보다 많을 수밖에 없다. 프랑스 전체를 살펴보면, 베리 지방과 밀바슈 고원지대는 인구로 보나 경제적으로 보나 후진적인 지역이라고 할 수 있다. 프랑스라는 공간에서 일어나는 활동들은 주로 파리를 중심으로 하는 지역이나 하천이 흐르는 계곡 지역, 국경선이나 해안선을 끼고 있는 지역에 집중되고 있기 때문에 이러한 고원지대는 자연히 소외될 수밖에 없는 것이다. 아메리카 대륙의 경우는 일차적으로 다른 대륙에서 건너온 사람들, 즉 '배를 타고 온 사람들'에 의해 인구집중이 이루어졌다. 물론 스페인에 정복당하기 전부터 사람들이 모여살던 안데스 산지는 여기에서 제외된다. 경제성장과 인구증가는 해안지방에서부터 시작되었고, 그에 따라 인구는 특히 라틴 아메리카의 경우 해안선으로부터 500km 이내에 집중되어 있다. 파나마 분지에서 아마존 강 분지를 거쳐 오리노코 강 분지까지 이르는 내륙지방은 아직도 인구희소 지역으로 남아 있다. 중앙아시아는 산지가 많고 건조하며 산맥의 기슭을 따라 큰 오아시스들이 자리잡고 있고, 실크로드와 차례로 밀려드는 침략자들의 물결이 증언하듯이 풍요로운 역사를 지니고 있다. 그러나 실제로 실크로드는 오아시스가 있기 때문에 존재할 수 있었다. 당시에는 사람이 살지 않는 지역을 통과한다는 것 자체가 인간의 활동에 큰 장애가 되었던 것이다. 물론 지금은 그것이 더 이상 장애요소로 작용하지 않는다. 그래도 인구밀집 현상은 역시 아시아의 다우(多雨)지역, 즉 충적평야와 삼각주 지역에서 훨씬 심하게 나타난다. 중국 동부지방의 인구는 2천년이 넘는 오랜 세월에 걸쳐 언제나 전체 인류의 15~30%를 차지해왔다. 중국인의 세계 인구 구성비율이 정점(30%)에 이른 것은 18세기 말이었다. 현재는 그 구성비율이 가장 낮은 시기 가운데 하나(17%)에 해당하는 것으로 보인다.

내륙은 자연적 조건에서 보았을 때 중심지이지만, 그것이 실제 중심지와 일치하는 경우는 극히 드물다. 육지 한복판은 대체로 '내륙에 위치한 변방'일 뿐이다. 사실 16세기부터는 '세계-경제'가 주로 해상교통을 이용해 대양을 가로지

르며 이 해안에서 저 해안으로 활발히 전개되었다. 또한 오
늘날의 세계화 속에서 선박운송은 저렴한 비용으로 이용할
수 있는 유통수단이 되고 있다. 그렇기 때문에 큰 항구와 인
접한 지역이 활용가치가 높은 것이다. 이에 관해서는 '세계
거대도시군도'에 속하는 메갈로폴리스들에서 잘 입증되고
있다. 유럽의 메갈로폴리스는 이와는 약간 달리 지중해와
북해 사이에서 일종의 다리 역할을 하는 육지, 즉 '육교 지
역'을 따라 발달하고 있다. 결국 어떤 지역들은 경제활동과
운송체계의 변화에도 불구하고 입지조건상 일정한 지리적
가치를 유지하고 있다는 사실을 알 수 있다.

## 축적의 유산

　세계화가 진행됨에 따라 보편적으로 자리잡게 된 오늘
날의 시장경제도 만일 지리적·사회적·정치적 상황이 허락
한다면 언제든지 과거로부터 상속받은 축적을 이용할 수 있
다. 예컨대 두 가지 형태의 축적, 즉 농업을 기반으로 하는
자본의 축적과 인구의 축적이 만나면 시장이 발달할 수 있
는 유리한 조건이 형성된다. 유럽의 라인 강 유역은 이미 중
세부터 이같이 좋은 조건을 이용하여 시장을 발달시켜 왔다.
아시아 동부지역에서는 2차대전 이후 한국과 대만의 농업개

혁이 성공한 덕분에 자본이 축적될 수 있었고, 그에 따라 내수시장과 세계시장을 동시에 겨냥하는 산업생산을 일으키는 데도 유리한 조건이 갖춰지게 되었다. 그리고 실제로 본격적인 생산활동이 개시되었다. 인구가 밀집하고 사회적 환경이 인구밀집을 더욱 부채질한 것도 산업화와 경제성장을 이룩하는 데 대단히 중요한 역할을 했다. 아시아의 전통적 인구밀집 지역을 한번 생각해보자. 이 지역의 인구밀집은 무논에서 지어야 하는 벼농사에 기인한다. 벼농사는 전통적인 기술을 사용할 경우 많은 일손을 필요로 하는 동시에 다른 곡물농사에 비해 수익성이 높기 때문에 큰 인구부양력도 갖고 있다. 그래서 벼농사지역에는 가난한 농민들이 밀집해 살게 되었으며, 그들의 가난은 생존을 위협받을 정도였다. 그 실상에 관해서는 농촌지역이 극도의 빈곤에 시달리던 일본에서 등장한『나라야마부시코오(楢山節考)』(후카자와 시찌로오[深澤七郎] 작, 1956) 같은 참혹한 소설, 그리고 중국과 인도에서 연속적으로 발생하는 기아를 상기해보면 충분히 짐작이 갈 것이다. 그런데 지금은 높은 인구밀도 덕분에 잘 배치된 산업조직을 갖추게 되었고, 집약적 농업도 지속적으로 경영할 수 있게 되었다. 뿐만 아니라 수입의 증가와 더불어 내수시장까지 발달하게 되었다. 홍콩과 광둥 일대의 주장(珠江) 강 삼각주 지방이 그 좋은 예로, 시장개방으로 자극을 받은 인구자원이 얼마나 뛰어난 잠재력을 발휘하는지 잘 보여주고 있다. 사실 이 지역의 일부는 이미 오래 전부터 중국 외부와도 교류가 있었으며, 그리하여 점진적으로 세계경제 속에 융합되어 갔다.

이와 같이 세계화는 그 과정이 진행됨에 따라 다양한 역사가 물려준 과거의 조건들을 재정비하고 변화시키는 역할을 수행하고 있다. 세계화는 '과거를 백지화하지' 않는다. 오히려 현재의 선택에 따라 과거를 적절하게 이용한다. 세계화는 어디까지나 지난날의 상황이라는 바탕 위에서 오늘의 그림을 그려가는 것이다.

# 4
# 거리와 입지

## 거리가 갖는 새로운 의미

거리란 둘 또는 그 이상의 장소가 서로 떨어져 있는 간격을 말한다. 『지리학의 용어들』에서도 지적되어 있듯이, 거리는 주어진 기하학적 공간에 위치하는 지점들 사이에 맺어진 어떤 관계이다. 따라서 거리를 정의한다는 것은 곧 여러 장소들 사이에 맺어진 기하학적 관계의 성격, 그리고 기준이 되는 공간과 그 공간들의 규모를 정의한다는 뜻이다. 그러므로 거리는 어떤 기준점으로부터 측정된다. 어떤 도시나 공항까지의 거리든, 어떤 빵집이나 중학교까지의 거리든, 아니면 집에서 직장까지의 거리든, 모두 마찬가지다. 언제나

거리가 문제로 등장한다. 대도시 주민들이 움직이는 데 걸
리는 시간에도 거리가 관여하고, 대양을 건너 대륙과 대륙
을 잇는 항공노선에서는 거리가 시간, 비용, 시차, 피로감의
요인으로 작용한다.

　거리가 생산활동에 개입하는 방식에는 두 가지가 있다.
우선, 무게가 무거운 제품의 생산은 지방, 엄밀히 말하자면
지역에서 이루어진다. 거리에 따른 운송비 부담이 크기 때
문이다. 예컨대 건축자재를 생산하는 경우가 그렇다. 그러니
까 라파르쥬(Lafarge)사*도 세계시장을 무대로 사업을 펼칠
생각이 있다면 우선 소비지 인근에 시멘트 공장의 입지를
정하는 것이 좋을 것이다. 그런 다음에 회사가 축적해온 지
식과 기술을 그곳에 투여하는 편이 이로울 것이다. 자동차
공업의 경우도 마찬가지다. 어떤 지방의 자동차시장이 충분
히 크다면, 대규모 자동차 생산업체들은 먼 거리를 운반해
야 하는 수출을 염두에 둘 필요없이 바로 그 지방에, 그 지
방에서도 특히 소비가 이루어지는 곳 가까이에 공장을 짓는
것이 좋을 것이다. 그래야만 투자수익을 높일 수 있으니까
말이다. 그러나 자동차공업은 자동차 조립공장의 재고량을
최소화하면서 가동되도록 신경을 써야 한다. 반드시 '적시

---

\* 시멘트를 생산하는 프랑스의 대기업.

(適時)에' 출고되도록 해야 하는 이유도 여기에 있다. 그러다보니 조립공장의 주문을 받아 부품을 생산하는 자동차 부품업체들도 필요하면 언제든 곧바로 부품을 공급할 수 있도록 자연히 자동차 조립공장 근처에 입지를 정하게 된다. 결과적으로 자동차산업에서 거리는 두 가지 측면, 즉 생산과 영업에 동시에 영향을 미친다고 볼 수 있다. 마지막으로, 고급 서비스산업 분야에서 이루어지는 경제활동도 거리와의 관계를 고려해야 한다. 이른바 '세금 없는 천국들'처럼 정보의 유통을 기반으로 이루어지는 고급 서비스산업은 거리와는 전혀 무관한 분야처럼 보이지만, 대개는 주요 고객들과 '동일시간대 지역' 내에 자리잡고 있다. 예를 들어 카리브 해의 섬들은 아메리카 대륙을 시장으로, 모나코, 만 섬, 앵글로노르만 군도 등은 유럽을 시장으로 삼고 있다.*

통신기술이 발달함에 따라 거리의 영향이 소멸되었다고 말한다면, 그것은 얼토당토않은 얘기이다. 거리가 미치는 영향은 그 성격이 바뀌고 다양해지면서 단지 약간의 변화를 겪었을 뿐이다. 그렇지만 기술이 발전하여 거리로 인한 장애와 비용부담을 줄일 수 있었던 것은 어쨌든 세계화를 가

---

* 만 섬은 아이리시 해에 위치하는 영국 섬으로, 아일랜드와 영국 두 나라로부터 비슷한 거리에 떨어져 있다. 앵글로노르만 군도는 프랑스 노르망디 지방 근해에 위치하는 영국령 섬들을 일컫는다.

능케 한 핵심요인이 되었다.

## 지역의 의미와 가치

범지구화되어 가는 오늘날에도 지역은 그 중요성을 그대로 간직하고 있다. 이같은 사실은 어쩌면 정보의 동시성이 실현되고 물류의 속도가 빨라진 세상에서 어딘지 모순되는 점이 있는 것처럼 생각될지도 모른다. 그러나 지역의 가치는 언제나 변함이 없다. 그것은 경제적인 가치일 뿐만 아니라 정치적이며 상징적인 가치이기도 하기 때문이다. 또한 세상의 많은 지역들은—적어도 그 가운데 몇몇은—지방이나 지역의 수준을 넘어서는 세계적 차원의 가치를 갖게 된다. 일단 지역이 세계와 관계를 맺기 시작하면 바로 그렇게 달라진다. 아주 평범한 예를 하나 들어보자. 세계의 모든 메갈로폴리스들이 다 그렇듯이 토오쿄오를 중심으로 하는 메갈로폴리스도 일본 내의 다른 지역 도시들에 비해 지가(地價)가 대단히 높다. 토오쿄오에 사무실을 두고 있는 기업들은 전세계를 무대로 활동하는 대기업들이고, 또 토오쿄오는 그 기업들에게 비싼 지가에 상응하는 충분한 수익성을 보장하기 때문이다.

지역의 가치는 다양한 성격의 인자들이 개입하여 결정

된다. 일부 지역은 다른 지역에 비해 경제적으로 좀더 유용한 가치를 갖고 있다는 평가를 받는다. 예컨대 어떤 지역은 자연적 입지조건이 좋기 때문에, 또는 그곳에 '외부경제를 창출하는 인자들'을 집합시키고 있기 때문에 상대적으로 높은 가치를 갖는다. 노동력의 질과 양, 직업교육, 주민들의 호응도, 지가, 세무제도, 그 밖의 법적 규제들이 모두 '외부경제를 창출하는 인자'에 포함된다. 오늘날 세계 면직공업에서는 중국 주장 강 삼각주 지역에 위치한 마을들이 프랑스 보주(Vosges) 산맥 계곡의 소도시들보다 더 큰 '가치가 있다'. 세계적 규모의 농업생산에서도 똑같은 논리가 적용된다. 지금으로서는 프랑스의 보스(Beauce) 지방이 우크라이나의 흑토대에 위치한 작은 지방보다 '밀농사에 유용한 가치가 있다'. 우크라이나에서는 농업활동이 혼란에 빠져 있기 때문이다. 아스파라거스를 생산할 경우에는 페루의 중부 해안지방에 위치한 오아시스들이 프랑스의 아르장퇴이으나 솔로뉴보다 더 이용가치가 높다.*

---

\* 보주 산맥은 프랑스 동부지방에 위치하여 독일과의 국경을 따라 뻗어 있다. 이 지방에서는 섬유공업, 특히 면직공업이 크게 발달했으나 현재는 위기를 맞고 있다. 한편, 보스 지방은 파리 분지가 이루는 평야지방을 가리키는데, 이곳에서는 곡물을 비롯한 각종 농산물이 생산되고 있다. 그리고 아르장퇴이으는 파리 북부에, 솔로뉴는 파리 남부에 위치하여 둘 다 파리 근교지방에 포함되어 있다. 이 두 지역에서는 채소작물을 재배하지만 수익성이 높지 않은 문제를 안고 있다.

이와 같이 오늘날 세계에는 새로운 비교우위가 등장하고 있음을 알 수 있다. 세계화에 따라 적극 활용되고 있는 자연적 여건들이 적어도 농업생산 분야에서는 그러한 새로운 비교우위 속에 포함된다. 연중 기온이 일정하다는 여건도 그 한 예가 될 수 있다. 페루 해안지방이나 보고타의 사바나 지방에서는 연중 온화한 기후를 이용하여 북반구에서 제 철이 아닌 농산물을 집중적으로 생산하여 북반구 시장에 공급한다.

지역간의 비교우위는 위에서 본 것처럼 세계적인 차원에서 작용하지만, 지방이나 지역 차원에서도 꾸준히 그 영향력이 행사된다. 다만 작용의 방식과 미치는 영향이 다를 뿐이다. 즉, 세계적 차원에서 활용되는 비교우위의 결합은 지방 차원에서 활용되는 결합과 다르다. 그리고 지역이 의미하는 것이 오로지 경제적인 것만은 아니라는 사실도 반드시 지적되어야 한다. 지역은 때로 정치적이고 상징적인 가치도 갖는데, 이에 관해서는 많은 사람들이 특별한 의미를 부여하는 '관심지역'(hauts lieux)에 대한 앞의 설명에서 언급했다. 또한 민족간 분쟁과 관련하여 정치적 의미를 갖게 되는 경우도 언급했다. 사라예보나 모스타르 같은 도시는 1996년 전세계의 지정학에서 갖는 의미와 비중이 리모주나 샤토루보다 훨씬 컸다.* 상징성이 강한 지역들과 '관심지역'

도 역시 세계화되고 있는 것이다.

　더구나 지역들은 갈수록 더 중요해지고 그 가치도 높아지고 있다. 지역들은 연결망, 특히 교통망의 정착점으로서 여러 상황들을 영구히 존속시키기 때문이다. 이처럼 여러 지역을 동시에 연결시키며 운송망의 핵심요소로 작용하는 결절지(結節地, noeud)들을 건설하고 그곳에 사회간접자본시설을 갖추는 데는 오랜 시간이 걸리고 장기적인 투자도 필요하다. 결절지들은 아주 예외적인 상황에 상응하는 장소들이기 때문이다. 라인 강 하구의 로테르담은 가론 강 하구에 위치한 보르도와는 또 다른 중요성을 갖는 결절지이다.

## 연결망의 효율성 향상과 불균등한 분포

　모든 연결망은 거리에서 오는 장애를 극복하며 건설되고, 또 연결망에 따라 그 극복되는 정도가 조금씩 다르다. 그러나 아직까지는 그 어떤 연결망도 거리의 장애에서 완전히 해방되지는 못했다. 게다가 경우에 따라서는 자연환경에서 오는 제약이 과거보다 더 강하게 작용하는 수도 있다. 산

---

* 사라예보와 모스타르는 구유고슬라비아에 위치하여 보스니아 내전에 휩쓸렸던 도시들이고, 리모주와 샤토루는 프랑스의 지방도시들이다.

간지방을 통과하는 고속철도나 고속도로를 건설하는 데는
대단히 큰 비용이 들기 때문에, 이런 공사는 때로 실현 불가
능할 수도 있다. 하지만 과거에는 외길이나 2차선 도로를
주로 만들었으므로 지형이 험해도 웬만큼 공사가 가능했다.
1945년 프랑스의 부르제(Bourget) 공항 같은 국제공항을 건
설하는 데는 공항건물과 활주로를 합쳐 1,500헥타르가 필요
했다. 15년 뒤 오를리(Orly) 공항을 건설할 때는 3,500헥타
르, 1980년대 루아시(Roissy) 공항 건설에는 7,000헥타르가
필요했다. 다시 말해서 부지를 확보하는 데에 점점 더 많은
제약을 받게 되고, 동시에 지형적인 요구(평평한 대지)를 충
족시키는 데도 더욱 많은 구속을 받게 된 것이다. 그렇지만
오늘날 세계를 가로지르며 사방으로 뻗어나가는 연결망의
종류가 다양해짐에 따라, 과거의 도로와는 다른 거리측정법
이 필요하게 되었다. 킬로미터로 나타내던 거리는 단지 몇
종류의 연결망―에너지와 시간을 소모하며 기능을 수행하
는 형태―에서나 적용되고 있을 따름이다. 이제 거리는 전
세계에 퍼져 있는 각종 연결망에 접속이 가능한가 여부에
따라 문화적 거리, 지정학적 거리, 기술적 거리 등의 개념으
로도 접근해야 하는 것이다.

　세계화에 따라 연결망은 배가된다. 그런데 연결망들 사
이의 상호연계는 불균등하며, 연결망은 공간의 특성에 맞추

어 건설되면서 또 그 공간의 구조를 만드는 요소로 작용한
다. 화물과 승객의 운송을 위해서는 도로망, 철도망, 항공망,
해운망이 구축되고, 석유와 가스를 공급하기 위해서는 송유
관과 가스관이 매설된다. 도시에는 물을 끌어오는 도수관이
매설되고 농업지역에는 관개시설이 갖추어지며, 그 밖에 하
수처리관과 전신망 등도 가설된다. 각 연결망마다 나름대로
고유한 거리측정법을 가지고 있으며, 유통의 방향, 유통량,
건설비와 유지비, 담당 기업도 따로 정해져 있다. 그리고 일
정하게 점유하는 공간이 있다. 실제로 모든 공간은 그 공간
을 통과하고 그 공간을 조직하는 연결망에 의해 정의된다.
한 도시의 도수관망은 지방 또는 지역 차원에서 조직되고,
전기배선망은 다른 지역의 전기배선망들과 상호연결되어
지역 차원이나 국가 차원에서 조직된다. 그러나 결코 세계
전체를 포괄할 정도의 대규모 연결망으로 발달하지는 못한
다. 이에 비해 항공망이나 전신망은 세계적인 규모로 조직
될 수 있고 또 실제로 그렇게 조직되는 경향을 보이기도 한
다. 적어도 몇몇 항공망과 전신망은 그렇다. 하지만 세계적
인 규모의 연결망들은 대개 여러 개의 대규모 연결망들이
서로 결합한 형태로 나타난다. 때로는 제각기 대양을 통과
하여 대륙과 대륙을 연결하는 거대한 연결망을 관장하는 다
수의 상이한 사업체들이 서로 협약을 맺음으로써 세계 전체

를 포괄하는 연결망을 건설하는 수도 있다. 그리하여 세계
화에 일조하는 훌륭한 사례를 보여준다.

다른 연결망과 서로 연결되었든 아니든, 모든 연결망은
알랭 그라(Alain Gras)가 '대규모 기술체계'(macro-système
technique)라 부르는 어떤 단위조직이 만들어낸 산물이다.
그리고 대규모 기술체계는 대단히 많은 다양한 기술들이 서
로 결합됨으로써 형성되는데, 거기에는 특허를 따낸 기술,
지격증을 가진 기능인들의 기술, 경험적인 지식 등도 포함
된다. 때로 여러 가지의 대규모 기술체계끼리 상호경쟁관계
에 있거나 상호보완관계에 있는 경우도 생긴다. 하나의 대
규모 기술체계 속에 포함되어 있는 여러 가지 기술도 서로
경쟁 및 보완관계에 있을 수 있다. 전기를 생산하는 기술체
계가 바로 그같은 경우이다. 원자력발전, 화력발전, 수력발
전의 기술들은 서로 경쟁하거나 보완하는 관계이다. 각 연
결망은 안전을 위해 마련된 기준을 반드시 준수해야 한다.
이는 환경을 보호하고 올바른 입지를 선정하기 위함이다.
그리고 다른 산업활동이나 사회간접자본시설과도 서로 공
존할 수 있는지 여부를 판단하는 규정들도 철저하게 지켜야
한다. 모든 연결망은 예외없이 일정한 공간을 차지하게 된
다. 따라서 각 연결망은 필요한 자리를 확보하기 위해 도시
내부나 도시 인근 지역에서 비교적 보상비용이 적게 드는

장소를 선택하여 입지를 결정하게 된다. 경비, 법적 규제, 세력관계 등도 연결망의 입지선정에 관여하는 요소들이다. 자연적 입지조건도 고려해야 할 중요한 요소이다. 공항이 들어서려면 평평한 땅이 수 킬로미터 이상 연속되고 시야가 확 트인 장소가 필요하다. 항구를 조성하기 위해서는 충분히 넓고 깊은 정박소가 들어설 수 있는 지형이어야 하고, 또 선박의 출입이 가능하도록 수로가 해수의 움직임으로부터 보호받는 곳이어야 한다. 원자력발전소나 화력발전소는 원자로나 발전장치를 냉각시키는 데에 많은 물을 필요로 하므로 충분한 용수를 공급할 수 있는 지역에 입지를 선택하게 된다. 로켓을 이용한 인공위성 발사를 위해서는 적도에 가까운 지방일수록 유리한데, 이는 같은 비용으로 더욱 강한 추진력을 얻기 위함이다. 기아나의 쿠루 기지가 유용한 가치를 갖게 된 것도 바로 그런 연유에서다. 이상에서 살펴본 것처럼 일련의 제약들이 연결망을 아무 곳에나 건설할 수 없도록 만들고 있다. 따라서 연결망의 입지를 선정하는 일에는 고려해야 할 조건들이 많으며, 더구나 시장과 시장의 세력권에 관한 조건까지 가세하여 영향을 미친다. 결국 일정한 기술수준이나 시장, 인구가 주어진 어떤 시점에서 이러저러한 연결망이 위치해야 하고, 또 위치할 수 있는 장소와 부지는 대단히 제한될 수밖에 없다. 특정 장소를 확보하

여 연결망을 설치하는 과정에는 일종의 결정론이 작용하는
셈이다.

이처럼 대규모 기술체계들이 조직하는 연결망은 자연히
장기간에 걸친 막대한 투자를 요한다. 그 투자액이 얼마나
되는지를 대략 파악하기 위해 몇 가지 예를 들어보자. 우선,
세계의 주요 사회간접자본시설들의 가격을 평가하면 약 50
조 달러(연간 세계 총생산량의 2배에 해당하는 액수)가 된다.
대단위 지역규모의 대건설공사(영국과 프랑스를 잇는 도버 해
협의 해저터널이나 유럽 고속철도[TGV] 등)의 경우 공사 1건
당 경비는 수백 억 달러가 소요되고 시간은 25년 정도, 그러
니까 한 세대가 걸린다. 대규모 연결망의 건설은 관성적 타
성을 낳고 토지 이용의 장기화를 초래한다. 그 예를 프랑스
에서 찾아보자. 먼저 로마 인이 닦아놓은 옛 도로와 현재의
국도가 중복되는 곳이 많다는 점, 또 파리를 기점으로 뻗어
나가는 구시대의 연결망이 지금도 계속 이용되고 있다는 점,
이런 사실들은 토지이용의 장기화를 잘 보여주는 사례이다.
여기서 우리는 '창조된 것이 창조하는' 변증법을 읽을 수 있
다.

많은 화물이나 승객을 실어나르는 점보 기의 개발은 10
년이라는 세월과 수백 억 달러라는 막대한 비용이 소요된
사업이다. 그 대신 비행기 한 대의 비행시간은 30년이 넘게

될 것이다. 인공위성을 이용하는 전신망의 건설은 지상의
수신국, 정보전달을 위한 연결망, 인공위성의 제작과 발사를
모두 포함하는 사업으로 역시 수백 억 달러가 들어간다. 이
와 같은 대규모 기술체계들은 수천 명의 기술자, 행정가, 법
률가, 금융인들의 협동이 있어야만 제대로 구축될 수 있다.
그 많은 인력들이 막강한 힘을 가진 기업체들에서 함께 일
하며 장기적인 방침에 따라 다양한 기술경쟁력과 재정적 능
력을 갖춘 채 그것을 서로 결합시킬 때 대규모 기술체계의
구축이 비로소 가능해지는 것이다. 그렇기 때문에 실제로
대규모 기술체계의 구축을 성공적으로 실현할 만한 능력을
가진 기업체는 공기업과 사기업을 통틀어 그렇게 많지 않다.
그 가운데 몇몇은 특정 분야에서 처음부터 독점적 지위를
차지하고 있었다(프랑스에서는 국영철도회사[SNCF]와 프랑스
전기공사[EDF]를 그 예로 들 수 있다). 현재는 자유주의 경제
체제 아래 그 독점적 지위도 상실하게 되었지만 말이다. 그
래도 대부분의 기업체들은 아직까지 과점(寡占)의 논리에
따라 움직이고 있다. 특히 가격전쟁에서 보듯이 서로 격심
한 경쟁을 벌이기도 하고, 특정 적수를 상대하기 위해 서로
연합하기도 한다. 기업연합은 시장을 서로 공평하게 나누어
가지려는 의도에서 나온 것이기도 하고, 또 때로는 세계시
장에 보다 효율적으로 접근하려는 의도에서 나온 것이기도

하다. 1996년 브리티시 항공은 아메리칸 항공 및 중국민항
과 연합하였는데, 이는 유럽, 미국, 아시아 세 대륙에서 좀
더 효율적인 노선을 확보하기 위한 것이었다. 전화 부문에
서는 미국 회사들인 ATT(American Telephone & Telegraph),
NTT(National Telephone & Telegraph), 유니소스(Unisource)
가 연합하였다. 이 연합을 통해 세 회사는 격심한 경쟁에서
유리한 위치를 차지하고 세계시장에서 높은 시장점유율을
보장받을 것으로 기대하고 있다.

어떤 연결망을 어디에 건설할 것인가를 결정하는 일은
기업체의 몇몇 책임자들에게 달려 있다. 그 입지선정은 지
역 차원에서 더 나아가 세계적으로 중대한 파장을 몰고올
것이기 때문에, 관련 기업체의 책임자들은 정부로부터 정책
적 지원을 받거나 아니면 아예 정부의 요청으로 연결망 건
설에 착수하게 되는 경우가 많다. 시장경제하에서는 이윤을
추구하는 것이 당연한 일인만큼 연결망의 입지를 선정할 때
도 당연히 투자가 보장되고 수익도 올릴 수 있는 곳, 즉 사
람들이 연결망을 이용하리라고 예상되고 기대되는 곳을 선
택하게 된다. 그러려면 먼저 연결망이 제공하는 서비스와
상품을 이용하고 그 비용을 지불할 능력이 있는 주민들과
기타 인구집단이 존재하는 지역을 찾아야 한다. 이처럼 연
결망의 입지선정이 시장의 형성 가능성에 따라 결정되다보

니 지역별로 연결망의 분포가 일정하지 않게 된다. 지방에서부터 지역을 거쳐 전세계에 이르기까지 모든 단계에서 연결망이 밀집된 공간과 그렇지 않은 공간이 생기게 된다. 한 도시권 내부에서, 한 나라의 영토 내부에서, 그리고 세계 전체에서 공간적 불균형이 나타나는 것이다. 어디서나 이른바 '인클레이브'(enclave)* 현상이 일어나거나 아니면 소외된 곳을 발견할 수 있다. 반대로 많은 연결망이 통과하는 곳도 찾아볼 수 있다. 때로는 지나치게 많은 연결망으로 인해 체증을 일으키고 그 체증에서 벗어나기 위해 비용을 많이 들여야 하는 곳도 있다. 이런 현상들이 결국 공간적 불평등을 가중시키는 것이다. 그러나 이 마지막 지적은 조금 완곡하게 수정되어도 좋을 것 같다. 왜냐하면 기술의 발달과 심한 시장경쟁의 여파로 연결망 건설비는 절감되고 일부 상품과 서비스는 그 보급지역을 확대해가고 있기 때문이다. 그 대표적인 예로 전기시설을 들 수 있다. 또 인공위성을 통해 프로그램을 전송할 수 있게 된 텔레비전의 경우도 좋은 예로 생각된다. 지금은 세계 어디서나 보급되어 사용되는 전화도 마찬가지다.

* 인클레이브는 바티칸, 안도라, 산마리노 등과 같이 한 국가 안에 있으면서도 그 국가의 영토가 아닌 작은 영역을 가리키는 지리학 용어이다. 어원상 '끼워박은 지역'이라는 뜻을 담고 있으므로, 일반적으로 주변에 의해 포위된 지역이라는 의미로 사용되기도 한다.

## 입지와 자연

거리는 수많은 입지조건 가운데 하나에 불과하다. 실제로는 다른 많은 조건들도 입지선정에 영향을 미친다. 예를 들면 그 지역의 기후나 토양이 어떤 작물의 재배에 좋은 조건이 된다거나 어떤 경제활동에 유리하다거나 하는 식이다. 관광산업의 경우를 보자. 북반구의 중위도 지방에 사는 주민들은 겨울이 오면 햇빛이 따뜻한 남쪽 지방을 찾게 된다. 이 경우 유럽의 중산층이 선택할 수 있는 지역은 상당히 넓다. 비슷한 경비를 들여서 즐길 수 있는 지역은 튀니지에서 카나리아 제도나 서인도 제도에 이르기까지, 나아가 태국에까지 널리 분포한다. 이처럼 주어진 자연적 조건은 사회에 따라 기술체계에 의해 걸러지면서 재해석되어 경제활동과 생산의 분배에 강력하게 개입하고 있다. 특히 자연적 조건은 농업과 관광산업, 그 밖에 특정 기후조건을 필요로 하는 활동에 큰 영향을 미친다. 이처럼 세계의 지리는 각 지역의 상대적 장점에 따라 재편성되어 그 파급효과를 전세계로 확산시켜가고 있다. 자연은 기술의 진보에 의해 극복된 것이 아니다. 오히려 기술의 발달로 자연이 가하는 구속들 가운데 일부가 더욱 확실히 느껴지게 된다. 지방에서 전세계에 이르기까지 도처에서, 그리고 모든 단계에서 그 영향이 느껴진다. 고속도로와 일반도로에 가해지는 자연적 조건의 제약은 서로 다를 것이며, 따라서 고속도로를 건설할 경우에는 일반도로와 다른 조건들을 고려해야 할 것이다. 즉, 동일한 자연조건도 도로의 유형에 따라 다르게 작용하게 된다는 것이다. 그리고 세계적인 규모의 큰 항구 건설에 필요한 자연적 입지조건은 범선(帆船) 시대에 상업항구 건설에 필요했던 자연적 입지조건과는 다르다. 이처럼 지역에 따라 자연환경이 유리하거나 불리하다는 사실은 범지구화하는 세계에서 공간을 조직하는 데 끊임없이 영향을 미치고 있다.

## 입지와 경험적 지식

경험에서 얻은 지식과 기존의 우위를 하나씩 축적해가는 한편, 지속적인 연구를 통해 그 축적된 기반을 보존하는 방안을 모색하는 것도 중요하다. 이른바 '제3의 이탈리아'* 를 구성하고 있는 기업들이 이를 성공적으로 실행하고 있다. 여기에 소속된 기업들은 주로 세계시장을 상대로 특정 상품만을 취급하는 수출업체들로서 대부분 중소기업이다. 그들

---

* 이탈리아 북부지방에 수많은 중소기업들이 집단적으로 모여 수출상품을 생산하는 산업지구를 일컫는 말로, 일종의 수출공단이라 할 수 있다.

이 만들어내는 상품은 대개 오래 전부터 전승되어 오는 전통적인 것들이지만, 끊임없이 새로운 모습으로 개발되어 전세계 고객들의 기호에 맞는 고급상품으로서 그 가치를 계속 인정받고 있다. 뛰어난 디자인과 품질을 보증하는 제조기술을 자랑하면서 이곳에서는 보석류를, 저곳에서는 우아한 의류를 생산하고 또 다른 곳에서는 가구를 제작한다. 여기서 중요한 것은 한 장소에 갖가지 다양한 생산활동들이 모여 상승효과를 발휘함으로써 우수한 '산업지구'로서의 자질을 획득할 수 있다는 사실이다. 그렇기 때문에 소비지를 고려하여 입지를 선정하는 것이 바람직하다는 이론은 그들에게 별로 의미가 없다. 그들이 만드는 제품은 가깝게는 페르시아 만 연안의 나라들에서 미국, 일본에 이르기까지 전세계에 수출되고 있다.

이처럼 생산하는 제품의 종류에 따라 거리라는 입지조건은 중요하기도 하고 그렇지 않기도 하다. 그러나 입지를 선정하는 일은 예나 지금이나 대단히 중요한 의미를 갖는다. 적어도 아무데서나 무엇이든 마구 만들 수는 없는 일 아닌가! 사회적인 마찰은 어느 곳에나 존재하므로, 완벽하게 동일한 조건에서 이루어지는 지역간의 경쟁이란 사실상 존재하지 않는다. 확실히 지리학은, 적어도 '입지의 과학'이라는 측면에서의 지리학은 끈질기게 그 생명력을 이어가고 있다.

따라서 오브라이언(O'Brien)이 그랬던 것처럼 '지리학의 종말'을 문제삼을 수는 없을 것이다.

## '장소의 시장'

레비(J. Lévy)가 말했듯이 장소는 '고정재화'이다. 경제적 측면에서도 장소는 요소비용을 누적시키지 않는다는 사실을 이미 19세기 말 알프레드 마샬(Alfred Marshall)이 지적했다. 레비에 따르면 장소들간의 연결성이 좋으면 "집적효과로 인해 수익성이 높아진다. 이 수익성의 증가에는 외부경제를 창출하는 인자들만 관여하는 것이 아니라, 규모의 경제, 중심성의 효과, 상호작용의 효과 등도 한몫 거든다. 그러니까 총체적으로 나타나는 최종 결과가 각 요소들을 단순히 종합한 것보다 더 중요한 것이다.… 역설적으로 들릴지도 모르지만 자본, 기술, 상품과 같은 유동적인 경제요소들, 그리고 그보다는 덜하지만 노동력은 장소에 무게를 실어준다. 땅에 붙박여 있다는 사실, 즉 부동성(不動性)으로 규정되는 장소의 사회적 형태를 다시 잡아준다는 말이다." 고용시장과 지역개발에 기여할 수 있는 기술적 상보성이 있는가 하는 것이 문제시된다. 공간적인 동시에 사회적인 모든 장애로 인해 장소들 사이의 완전경쟁은 있을 수 없다. 각 지역이 지니고 있는 각종 잠재력에 따라 언제나 장소들간의 차별성이 유지된다.

정보, 자본, 재화의 유동성, 그리고 땅에 붙박인 '고정재화'인 장소의 고정성, 이 양자 사이에는 외형적 모순이 있다. 그래서 대기업들은 자신의 계획을 실현하고 목표를 달성하는 데 더 적합한 장소를 '흥정하기' 위해 세계 무대로 나서게 된다. 그리고 자신들의 계획을 보다 훌륭하게 실현하고 자신들의 목표를 보다 성공적으로 달성할 수 있는 조건을 가진 장소를 모색한다. 이를 위해 오늘날의 기업경영자들은 선임자들이 알지 못했던 전혀 새로운 수단들을 이용하게 되는데, 이 새로운 수단들이란 분명히 세계화가 가져온 결실이다. 즉 정보체계의 발달과 함께 정치가든 사업가든 세계를 무대로 활동하는 영향력 있는 인물들은 모두 지금까지 알려지지 않은 가능성, 즉 '지리적 정보'를 마음대로 다룰 수 있는 가능성을 보유하고 있다. 그리하여 어떤 지역의 특성을 한눈에 알아볼 수 있게 되었고, 또 설정된 목표와 관련하여 그 지역이 어떤 장점과 단점을 가지고 있는지를 파악할 수 있게 되었다. 다른 지역에의 접근성, 운송망과 정보통신망의 수준, 주민의 특성(인구구조, 사회구조, 교육수준, 문화적 성격), 지역 내부의 공간조직 양식, 현재 가동중인 법률체계, 세무체계, 정치체계 등 온갖 정보들을 모두 모아 입지선정에 필요한 자료로 사용한다. 어떤 지역에 투자할 것인가, 어떤 지역의 시장을 확장할 것인가를 결정하는 데도 사용하고, 사정을 잘 알아 정책적 연합을 이루기 위해서도 사용한다. 그리하여 어느 시기가 되면 기업체들은 자사의 사업에 좀더 유리하다고 생각되는 장소들을 선별하게 된다. 그럼으로써 기업체들은 결과적으로 지역의 변화에도 기여하게 되는 셈이다. 오늘날 입지선정에서 반드시 고려해야할 요소로 자주 강조되는 것이 노동비용이다. 물론 일부 제조업과 서비스업에서는 노동비용이 중요하다. 그러나 그 비중을 지나치게 과장하지 않기 위해 다음의 두 가지 사실을 지적할 필요가 있다. 우선, 20세기 말인 오늘의 세계에서는 풍부하고 값싼 노동력을 제공하는 지역이 비교적 많다는 사실이다. 방글라데시의 노동비용과 독일의 노동비용은 확실히 엄청난 차이가 있다. 하지만 노동비용은 다른 많은 조건들 가운데 하나일 뿐이며, 어떤 산업에서는 노동비용이 총 생산비에서 차지하는 비중이 극히 미미하다. 그러므로 기업체가 입지를 선정하는 과정에는 단 하나의 조건이 아니라 여러 조건들이 함께 개입되며, 결국 다양한 조건들이 결합되어 있는 형태가 다른 지역의 그것에 비해 유리하다고 판단되는 지역이 선택되는 것이다.

지역에 따라 인구밀도와 사람들이 누리는 부의 정도에

점점 차이가 심화되는 오늘날, 연결망의 밀도와 품질도 문제가 된다. 연결망은 개설 당시의 불평등상태를 반영하면서 그것을 더욱 심화시키고 있다. 모든 사람이 다 인터넷에 '접속되어' 있는 것은 아니며, 누구나 인터넷을 사용하는 것도 아니다.

'세계 거대도시군도'에 속하는 메갈로폴리스들을 들여다보면, 그곳에는 내부 연결망과 외부 연결망이 동시에 집중되어 있음을 알 수 있다. 그런 까닭에 메갈로폴리스의 연결망들은 때로 자원과 정보의 흐름에서 체증을 일으키기도 한다. 내부 연결망은 운송과 정보전달을 담당하여 메갈로폴리스 내부에서 이루어지는 상승작용의 효율성을 높여주는 역할을 수행한다. 외부 연결망은 메갈로폴리스들을 서로 긴밀하게 맺어줌으로써 세계 거대도시군도라는 개념에 손색이 없는 실체를 구성한다. 실제로 뉴욕에서 런던으로 가기가 다카르에서 리마로 가기보다 훨씬 쉽다! 뉴욕-런던 노선은 운항횟수가 훨씬 많고 가격도 다양하여 소비자가 선택할 수 있는 폭이 넓기 때문이다. 동일시각과 동일가격을 기준으로 작성되는 항공노선도의 편중된 모습을 보면 이러한 차이가 입증된다.

그러나 같은 도시권에 거주하는 개인들이라 해서 모두 같은 공간에 위치하고 있는 것은 아니다. 뉴욕 할렘 가의 성인 실업자는 국제연합 건물에서 일하는 공무원과 동일한 공간에서 살지 않는다. 그들은 서로 같은 인간관계를 맺고 있지 않으며, 장래에 대한 전망이나 개인적 야망도 같을 수가 없다. 이는 곧 지역단위 내부의 차별화가 극심해지고, 또 문화적 단절도 두드러지고 있음을 뜻한다. 결국, 한편에서는 같은 지역 내부나 이웃한 지역들 사이에 커다란 사회적 거리가 존재하는데, 다른 한편으로는 지역간의 공간적 거리가 사라지고 있는 것이다. 이것이 바로 오늘날의 세계가 안고 있는 모순 가운데 하나이다.

# 5
## 주요 단위와 대영역

### 적절성과 부적절성

세계 도처에서 인간의 활동과 개인의 삶을 조직하는 데에 영향을 미치는 세 가지 차원이 있다. 첫째는 일상적이고 가까운 지방의 차원이고, 둘째는 국가 또는 유럽연합처럼 참여국들의 권한을 위임받아 탄생한 국가연합의 차원이며, 셋째는 현재 모든 공간체계의 환경을 이루는 '세계'의 차원이다.

세계화가 가져온 변화의 소용돌이 속에서 각종 조정기관과 중재기관들은 급변하는 상황에 대처하는 기능을 담당한다. 그러나 실제로는 그 기관들 모두가 지역규모에 따라 적절하게 능력을 발휘하고 있는 것은 아니다. 이것은 현대 세계가 처한 위기를 나타내는 특징의 하나로서, 이 위기는 어떤 면에서 보면 조정기관과 그 활동범위가 서로 맞지 않아 일어나게 되는 것이다. 지방 차원에서 예를 하나 들어보자. '코뮌'(commune)은 한 '공동체'(communauté)의 영역이라는 의미를 가지고 있으며, 시, 읍, 면 규모의 행정구역을 가리킨다. 그러나 오늘날 코뮌은 더 이상 효율적인 행정구역이 못된다. 적어도 '공동사회'(Gemeinschaft)라는 의미의 '공동체'가 이미 해체되어 소멸해버린 선진국에서는 그렇다. 좀더 큰 지역단위인 국가의 경우도 생각해보자. 현재 국가는 '능력의 한계에 도달해' 있고 종종 '시대에 뒤처진' 또는 '부자연스런' 존재가 되어버렸다. 한편 지역 차원의 국제기구들은 이제 겨우 태동단계에 있거나 합법성을 결여하고 있다. 세계적 차원의 조절기능도 마찬가지다. 세계화된 시장이 존재하기는 하지만, 그 시장이 자유주의 이론이 기대했던 역할을 훌륭히 수행하고 있다고 생각한다면 잘못이다. 세계 시장이 통일되려면 아직 멀었고, 그 내부에서 서로 연결되어 있기는 하지만 서로 다른 규칙과 원리로 분할되어 있다. 또한 국제연합 산하기구로 설립된 거대한 국제기관들이나 브레튼우즈 협정*에 따라 탄생한 기관들, 즉 세계은행과 국제통화기금, 그리고 비교적 최근에 발족된 세계무역기구

(WTO) 등은 회원국들이 권리를 양도하고 위임할 때라야 비로소 합법성과 권력을 부여받을 수 있다. 게다가 반드시 회원국들이 동의하는 방법에 따라야 한다는 단서가 붙어 있다. 그런 이유로 필요할 때마다 여러 기관들이 서로 결합하여 실제 상황에 대처하기에 급급한 모습을 세계 곳곳에서 볼 수 있는 것이다. 이처럼 새롭게 공간이 조직됨에 따라 발생하는 문제들을 해결하기에는 대부분의 조정기관들과 영토적 구획이 부적합한 것으로 드러나고 있다.

사실 모든 문제의 핵심은 다음과 같이 요약된다. 범지구화가 이루어지는 세계에서는 연결망의 논리가 영역의 논리를 제압하며, 앞서 언급한 부적합성은 영토성(territorialité)\*\*의 위기를 드러낸다. 하지만 그 문제를 검토하기 전에 차원이 다른 각 지역기준들의 맥락과 내용을 먼저 분석하여 기술해보고 그 타당성을 따져보아야 할 것이다.

각각의 지역기준은 나름대로의 시간체계와 거리측정법 및 공간이용 형태를 지닌다. 지방범위의 공간은 일상생활의

* 1944년 미국 브레튼우즈에서 44개국 대표들이 모여 금본위제도의 붕괴에 따른 새로운 국제통화질서를 확립하기 위해 맺은 협정. 여기서 비롯된 대표적 국제기구가 국제통화기금(IMF)이다.
** 한 개인이나 집단이 자신들의 영역으로 간주되는 지역에 대해 통제권을 확립하고 영향을 미치고자 할 때 이같은 경향을 가리켜 영토성이라 한다. 영토를 분명히 설정하고 그에 대해 어느 정도 독점적인 권리를 주장하는 것도 본질적으로 영토성에서 유래하는 속성이다.

공간이고 평범한 활동들이 반복되는 공간이다. 또한 시간과 비용, 그리고 교통 소통이나 체증의 빈도로 기술되는 이동의 공간이기도 하다. 파리와 같은 대도시에서는 버스의 평균 통행속도가 시속 약 14km이고, 토오쿄오에서는 직장인들의 하루 평균 이동시간이 2시간이 넘는다는 사실을 알아보는 것은 퍽 흥미롭다. 프랑스를 비롯하여 유럽 전체를 하나의 공간으로 보는 경우에는 교통수단을 이용하는 환경이 중요해진다. 고속도로와 고속철도의 존재 유무도 중요하고, 도심에서 공항까지 걸리는 시간, 승객과 승객의 짐을 관리하고 처리하는 속도 등도 중요하다. 한편, 세계 전체를 이동범위로 할 때는 장거리 운항의 요금과 운항횟수가 중요한 요소로 떠오른다. 정보의 즉각성—단 3개의 정지궤도 인공위성으로 지구의 절반에 해당하는 지역에 정보를 동시에 전달할 수 있다—에 힘입어, 지구가 둥글다는 사실도 새삼 중요한 의미를 갖게 되었다. 아시아의 해안지방, 서유럽, 그리고 미국(동부 해안지방) 사이에는 증권시장이 세계를 연결하며 연속적으로 기능하고 있다. 뉴욕에 있는 은행 지점이나 출판사에서는 퇴근 때 사무실 문을 닫으면서 인도의 방갈로르(뉴욕과는 12시간의 시차가 있다)에 있는 동료를 위해 거래자료나 원고를 전송해주는 것도 얼마든지 가능하다. 전송된 자료와 원고는 낮시간 동안 인도의 사무실에서 처리되고 편집되어 다음날 아침 사무실 문을 여는 시각에 맞추어 다시 뉴욕으로 전송된다. 지방적 차원의 시간 및 거리와 세계적 차원의 시간 및 거리는 더 이상 같은 의미를 갖지 못한다.

## 지방단위

  지방이라는 말은 여러 가지 의미를 지니고 있다. 우선 어떤 지역이 지구상의 좌표로 지정된 어떤 정해진 장소에 위치한다는 의미를 갖기도 하고, 또 어떤 장소와 관계가 있다는 의미를 갖기도 한다. 물론 여기서 어떤 장소라 함은 지구상의 위치나 관련을 맺고 있는 다른 지역들에 대한 상황, 물리적 기반이 되어주는 영역 등에 의해 규정된다. 그러나 지방은 사람들이 가장 지속적으로 생활하는 장소이며 잠자고 일하고 친지들과 교류하는 곳이기도 하다. 다시 말해서 일상의 공간, 근린 공간, 일상생활에서 이용하는 장소들로 구성된 공간이다. 선거를 통해 행정관리를 선출하는 등 시민으로서의 삶에 참여하는 지역단위의 하나이기도 하다. 그래서 프랑스에서는 학교나 시청에 투표소를 설치하는 것이다. 지금 기술하고자 하는 것도 바로 이 지방 차원의 기준이다.

  비록 지방이라는 단위가 더 이상 기초공동체의 영역과

부합되지 않고, 또 외양적 형태와 지향하는 목적이 서로 다른 공간들이 한 장소에서 교차하고 중첩되어 생겨난 것이라고 할지라도 이 단위는 어디서나 필수적인 것이다. 정보전달과 운송 분야의 '발전'이 아무리 대단하다고 해도 인접성의 영향은 수많은 분야에서 배제될 수 없으며, 예를 들어 매일 또는 매주 해야 하는 시장보기는 가까운 지역 안에서 해결하는 것이 좋고, 학교, 우체국, 은행 등 빈번하게 이용하는 공공시설도 가까운 곳에 자리하고 있는 것이 편리하다. 물론 가정생활과 정서생활 면에서도 인접성은 중요한 작용을 한다. 또한 인접성은 정보교환과 일상적 접촉에도 항상 영향을 미치고 있다. 과학적 연구에 종사하는 두 실험실이 원활한 소통을 유지하기 위해서는 서로 인접한 거리에 위치하는 것이 유리하다. 아무리 인터넷을 통한 원거리 통신이 손쉬워진다고 하더라도 말이다. 사업 분야에서도 인접성의 가치는 여전하다. 은행들과 증권회사들을 보라. 서로 가까운 곳에 자리잡고 있지 않은가? '시티(City) 현상'*이 낳는 효

---

* 여기서 '시티'는 지리학에서 중심업무지구라 부르는 도시의 한 구역을 의미한다. 이 용어는 런던의 상업·금융 중심가를 의미하는 'the City'에서 나왔다. 중심업무지구는 사무실과 고급 상가가 집중되어 있는 도시의 핵심지구로, 그러한 기능들이 집중되는 이유 가운데 하나는 이곳이 도시 내에서 가장 접근성이 높기 때문이다. 그 때문에 비싼 지가에도 불구하고 집중현상이 지속되며, 시티 현상이란 이같은 집중으로 중심업무지구가 형성되는 것을 말한다.

과는 여전한 것이다. 물론 수만 개의 화면들 사이에 이루어지는 상호작용을 통해 기능하는 증권시장인 NASDAQ이 등장하였기 때문에 반드시 한 지역 내에 유능한 인재가 집중되어야 할 필요는 없다는 반대의견도 있다. 그러나 기업경영자들이 서로 직접적인 접촉을 통해 협력해나가는 것은 여전히 필요한 일이다. 서로 정보를 교환하고 '적-동지' 전략, 즉 적이 아니면 동지로 확실하게 구분하는 이원론적 전략을 밀고 나가기 위해서는 직접 만나는 것이 바람직하기 때문이다. 그런 까닭에 대기업들이 종업원 수를 줄이는 감량경영을 하면서도 여전히 지가가 비싼 대도시에 본사를 두고 같은 구역에 집중적으로 모여 있는 것이다. 이처럼 비록 정보 전달과 운송 면에서 기술이 발전하였다고는 해도 인접성에서 오는 이점들을 상쇄시키지는 못하고 있다. 지방단위의 핵심은 인접성이다. '지방단위'의 범위는 현재 점점 확대되고 있다. 고속철도의 개통으로 릴과 르망은 파리에서 한 시간 거리가 되었다. 이는 매일 출퇴근이 가능한 거리이다. 그래서 새로 고려하게 된 중요한 요소가 교통비이다. 만일 릴이나 르망에서 파리로 출퇴근하는 목적이 실내청소에 있다면 교통비를 엄청나게 부담하는 결과가 된다. 그러나 그 목적이 부가가치가 대단히 높은 경제활동에 있다면 소득도 높아질 것이므로 교통비는 그럭저럭 치를 만한 것이 된다!

인접성이 중요하다는 사실은 전문화된 생산활동에서도 입증된다. 이른바 '마샬 지구'라 불리는 집약적 산업지구를 형성하고 있기 때문이다. '제3의 이탈리아'를 구성하는 소도시들의 조직망을 예로 들어보자. 포 강 평원, 베네치아, 토스카나에 분포하는 이 소도시들은 중소기업이 도시기반을 이루고 있으며 주로 세계시장을 상대로 수출품생산에 종사하고 있다. 특히 이곳에서 생산되는 제품은 대단히 전문성이 강한 '고급품'들이다. 여기서 인접성은 기업들이 서로 빈번하게 접촉할 수 있게 하고 동일한 직종의 직업교육을 받은 인력도 활용할 수 있게 한다. 또 공동의 서비스 기관-은행, 보험회사, 도매업자, 운송업자-을 가질 수 있게 한다. 그에 따라 나타나는 것이 바로 섬세하게 조정되는 '경쟁과 협력'의 이중적 관계이다.

이른바 '적시성(適時性)'을 중요시하는 경우에도 인접성은 높은 가치를 발휘한다. 재고량을 제한하기 위해 생산에서 배송까지의 기간을 최대한 짧게 해야 하고, 다양한 규격의 상품을 골고루 갖추어 어떤 주문에도 응할 수 있어야 하는 산업의 경우는 적시성이 매우 중요하다. 이러한 산업은 '적시성'이 요구하는 바를 충족시키기 위해 신속한 배송체계를 갖추고 운송시간을 최소화해야 한다. 이 '적시성'은 유행과 관련있는 의류업에도 해당될 수 있다. 만일 어떤 유형의 의상이 '잘 나간다'면, 즉시 그 수요에 대응할 필요가 있다. 그래서 의류를 생산하는 작업장들은 실제로 파리의 상티에 구역에 계속 남아 있게 된 것이다. 항공산업과 자동차산업도 점점 '적시성'의 영향을 받고 있다. 예를 들어 프랑스의 툴루즈에서 제작되는 에어버스에 부품을 빨리 공급하기 위해 항공기 부품업체들도 다시 툴루즈 주변에 모여들고 있다. 마찬가지로 푸조 자동차의 생산을 위해 소쇼-뮐루즈 주변에 관련업체들이 대거 자리잡고 있다.[*]

아시아의 새로운 산업화지역과 라틴 아메리카의 '중간도시들'-인구규모가 20만에서 100만 사이에 속하는 도시들-도 위와 같은 '마샬 지구'를 만들어나가고 있다. 아시아의 경우, 공장들이 '구름처럼' 몰려 있는 덕분에 상호경쟁과 상호보완의 밀고 당기는 기능이 더욱 활발하게 제 역할을 해낼 수 있다. 주장 강 삼각주 지역이 그 대표적인 예이다. 이같은 집단화의 필요성은 산업화를 이룩한 아시아의 해안지방, 즉 '성장의 삼각지대' 전역에서 관찰된다. 라틴 아메리

* 상티에는 파리 시내의 한 구역을 말하는데, 시내 번화가와 바로 인접하여 도심지에 위치하고 있다. 툴루즈는 프랑스 남부지방에 위치한 도시로 인근에 에어버스 제작공장과 우주항공 연구소가 있다. 소쇼와 뮐루즈는 독일 및 스위스 국경에 접하는 프랑스 동부지방에 위치하고 있으며, 이곳에 푸조 자동차공장이 자리잡고 있어 지역경제의 주춧돌이 되고 있다.

카의 경우, 새로운 산업활동이 특히 중간도시들에서 일어나 발달하고 있다. 그 이유는 여러 가지이다. 우선, 중간도시에는 대학과 기술연구기관이 있으며, 이들 기관에서 교육받은 새로운 인구집단이 등장하고 있다. 또 정보와 통신 분야에서 많은 발전이 이루어졌고, 그에 따라 대도시와 중간도시 사이에는 원거리통신의 질적 차이가 거의 사라지게 되었다. 항공교통의 발달로 자국 내의 다른 지방도시들뿐만 아니라 유럽 및 북미의 중심지와도 보다 긴밀하게 연결되었다. 경제가 자유화되고 국가와 행정기관의 개입이 최소화됨에 따라, 정치권력과 공공기능이 모종의 사업을 추진하기 위해 서로 접촉해야 할 필요성이 줄어들었다. 브라질에서는 브라질리아를 '거쳐 지나가는' 일이 더 이상 불필요해졌다. 그 밖에도 중간도시들은 지가가 비교적 싸고 교통혼잡도 적으며 치안상태가 비교적 양호하다는 등의 유리한 점들을 많이 지니고 있다. 그 덕분에 인근지역에서 구할 수 있는 자원들을 바탕으로 한 상승효과가 발휘되어 도시로서의 기능을 수행하는 이 중간도시들이 그처럼 발달할 수 있는 것이다.

## 국가와 지역―옛 주역과 새 주역

국가 영토라는 것의 기준은 반세기 전만 해도 이른바

'국민' 경제, 각종 제도와 법이 규정하는 범위 내의 사회조직, 생활수단과 삶의 의지를 함께 나누는 일종의 연대의식 등이었다. 그것은 르낭(Renan)이 '국민'(Nation)에 대해 말한 그대로였다. 비록 이처럼 오랜 사고에 바탕을 두기는 했지만 그래도 국가는 아직까지 중요한 지역단위로서 계속 기능하고 있고, 그렇기 때문에 역사의 쓰레기통 속으로 너무 급히 처박혀서는 안될 것이다. 그런데 사실 지금은 달리 적확한 표현이 없어 그저 '지역'의 범주에 속한다고 일컬어지는 다른 지역단위들이 국가에 비해 점점 더 중요한 역할을 수행해나가고 있다. '지역'이라는 표현은 여러 가지 의미를 포괄하고 있다. 첫째, 국가 영토를 제일 먼저 분할하는 단위로 웬만큼 넓은 면적을 차지하고 있는 지역을 의미하며, 예컨대 랑그독(Languedoc)*이 그 범주에 속한다. 둘째, 세계라는 공간을 처음 분할한 단위로서, 외교관들이 말하는 '지역'이 있다. 그것은 역사적·문화적으로 같은 단위를 이루는 이웃 나라들이 모여 형성하기도 하고, 공동의 문제를 중심으로 관련 국가들이 함께 형성하기도 한다(중동 지역이 그 예이다). 셋째, 인접국들 사이에 경제생활만이 아니라 사회생활까지도 국경을 무시한 채 재구성되는 경우가 있다. 그렇게 되면 각

---

* 몽펠리에, 님 등의 도시를 중심으로 하는 프랑스 남부 지방. 북으로는 세벤 산맥이 솟아 있고, 남으로는 지중해에 면해 있다.

131

인접국들 영토의 일부가 모여 하나의 지역을 형성하게 된다. 스위스의 바젤을 중심으로 한 '레지오 바실리엔시스'(regio basiliensis)*가 그 대표적인 예이다.

이제는 점점 국가단위를 벗어난 지역단위가 부상하여 인접관계를 토대로 높은 상승효과를 불러일으키고 있다. 무관세 통과를 허용하는 세관이 등장한 사례에서도 볼 수 있듯이 오늘날 관세장벽은 점점 낮아지고 있으며, 그에 따라 상승작용도 좀더 수월해지고 있다. 세계경제의 자유화가 가져온 결실인 관세 완화는 이렇게 지역구조에까지 영향을 미치는 것이다.

하나의 지역단위는 같은 표준시간대에 속한다. 지역의 범위는 대개 하루에 왕복 가능한 일일생활권으로 보면 된다. 그러나 그 이동거리는 수백 킬로미터에 걸쳐 있기 때문에 교통의 원활한 소통과 속도가 대단히 중요하다.

우리는 '지역단위'의 범주 속에 제도적으로 서로 다른 성격을 지닌 다수의 지역들을 포함시키고 있다. 예를 들어

---

* 바젤(Basel)은 프랑스, 독일과 인접한 스위스의 국경도시이다. 로마시대(5세기경)에 세워진 도시로, 당시 명칭이 바실리아였기에 주변 삼국을 포함하는 접경지역을 라틴어로 '레지오 바실리엔시스'라 부른다. 이 접경지역은 라인 강을 이용한 선박운송도 가능하고 철도의 분기점이기도 하며 인근에는 공항도 있어 경제활동이 활발히 일어나고 있다.

각종 '공동시장', '경제연합', '자유무역지대' 등이 그 범주에 속하는데, 이 지역들은 각기 다른 규제사항을 갖고 있다. 그러나 여러 국가의 영토를 포함하는 세력권을 형성한다는 공통점이 있다. 따라서 이 경우 경계선은 적어도 두 가지의 가치를 지닌다. 첫째, '지역'과 그 밖의 세계 사이에 그을 수 있는 경계선이 있는데, 이 경계선은 점점 그 중요성을 더해가고 있다. 둘째, 지역 내부에 존재하는 경계선 즉 국경이 있는데, 이 내부 경계선은 그 기능을 점점 잃어가고 있다. 실제로 국경은 이제 자본과 물자의 유통에 미치는 영향력을 거의 상실하게 되었고, 그러다보니 행정적인 경계 역할 위주로 되어가고 있다. 이러한 다국적 지역군들은 국가간의 협상을 통해 만들어지는 것이므로 그 구성논리는 무엇보다도 영토에 기반을 두고 있다. 유럽연합(EU)이 그렇고 남미공동시장(Mercosur)도 그렇다. 유럽연합은 점점 기하학적 면적을 넓혀가고 있으며 그 임무와 역할도 점차로 변하고 있다. 남미공동시장은 현재 조직이 정착되는 과정에 있는 공동시장으로서 브라질, 아르헨티나, 우루과이, 파라과이가 참여하고 있으며, 칠레도 곧 가입할 것으로 보인다. 북미의 경우도 마찬가지로, 미국과 캐나다, 멕시코 사이에 북미자유무역협정(NAFTA)이 체결되어 현재 이들 3개국 사이에 자유무역지구가 형성되어 있다. 지금까지 살펴본 여러 가지 형태의 '지역화'는 각 경우마다 나름대로의 역사를 갖고 있다.
제각기 고유한 내용과 변화과정을 갖고 있다는 말이다. 그
래서 '지역화'의 유일한 모델이란 존재하지 않는다. 세계적
인 대기업들의 입장에서 보면 지역화는 '내수시장'의 규모
를 확대시키는 효과를 가져다준다. 지역화는 국가경제 면에
서 보면 세계 각국이 참여하는 각종 협상(지난날의 '관세 및
무역에 관한 일반협정'[GATT] 협상, 오늘날 세계무역기구와 벌
이는 협상 등)에서 좀더 유리한 입장에 설 수 있게 해준다.
'지역화'가 성공적으로 이루어지면 관련국들 사이의 무역량
이 증가하게 되는데—남미공동시장이나 유럽연합 내부에서
도 그런 현상을 확인할 수 있다—, 이는 지역화가 애초부터
겨냥한 목표 가운데 하나이다. 그러나 국제기구의 결성에
따른 지역화는 제도적으로 완전히 새로운 현상이라고 볼 수
는 없다. 현재의 독일 영토에서는 이미 19세기에 독일관세
동맹(Zollverein)*이 결성되어 있었고, 이 다국적 기구는 독
일이 독일 제국(Reich)으로 통합되기 전부터 존재했던 것이
다.

지역화를 유도하는 다국적 기구들이나 세계무역기구처

* 독일통일 이전에 프러시아가 중심이 되어 독일땅에 흩어져 분포하던
군소 국가들을 규합하여 상호 관세상의 특혜를 허용하기 위해 구성한
독일국가연합.

럼 전세계를 대상으로 하는 국제기구들은 각 회원국들이 자국의 주권이나, 특권의 일부를 그 기구에 위임한다는 내용을 담은 조약, 또는 협약을 체결함으로써 비로소 결성된다. 그러나 단순한 '종합', 즉 구성원들로부터 부여받은 속성을 모두 합친 산술적 총계에 의거하는 것은 아니다. 국제기구들은 그 구성원인 개별국가들과 성격이 다르고, 기능을 수행하는 규칙도 다르며, 매사에 판단의 기준도 다른 집합체이다. 말하자면 유럽연합은 각 회원국들이 양도하고 기여하는 바의 총합과는 다른 어떤 것이다.

연결망이 강화되거나 신설되면서 지역화가 이루어지는 경우도 있다. 예를 들어 국경을 사이에 두고 있는 양국이 서로 다른 잠재력을 가지고 있다는 점을 이용하여 사업을 벌이는 기업체들은 자연히 양국간의 연결망을 적극적으로 증대시키게 된다. 때로 종족공동체나 문화공동체가 직접 그러한 기업체를 설립하기도 한다. 이렇게 해서 지역화가 실현된 지역에서는 각국의 영토보다 전체의 연결망이 우선한다. 영토는 어디까지나 2차적인 중요성밖에 지니지 못하게 되는 것이다. 특히 동아시아에서 이같은 지역화의 모델이 다양하게 발견된다. 그리하여 중국을 사이에 두고 구성되는 연결망은 서울에서 싱가포르를 잇는 거대한 아치형을 이루며 뻗어나가고 있다. 이곳의 지역화는 국가간의 정치적 긴장관계

를 초월하여 다양한 국적을 가진 기업들간의 교류를 확대시
키고 있다. 지난 사반세기 동안 항공기 운항과 전신망 이용
이 어떻게 변화되어 왔는지 살펴보면 그것을 쉽게 알 수 있
다. 예를 들어 25년 전만 해도 토오쿄오, 싱가포르, 홍콩, 베
이징을 어쩔 수 없이 모두 거쳐가야 하는 경유노선들이 많
았던 것에 비해, 현재는 여러 직항노선들이 상당히 빈번한
운항횟수를 기록하며 중국해 양안의 나라들을 오가고 있다.

셋째 형태의 지역화는 앞의 형태에서 유래된 변형으로,
도시들이 주도해서 제도화된 관계를 만들어나감에 따라 등
장하게 되었다. 어떤 도시들은 사업가들의 협력을 빌려 국
경을 넘는 결연관계를 맺거나 상호교류 관계를 제도화하고
있다. 동아시아와 동남아시아에 걸쳐 형성되는 '성장의 삼
각지대'는 바로 그같은 논리에서 출발한 것이다. 그곳에는
싱가포르-조호르-리아우를 삼각형으로 이으며 싱가포르, 말
레이시아, 인도네시아 세 나라를 포괄하는 다국적 지대가
있어, 도시들이 주도하는 지역화를 잘 보여준다. 유럽에서도
스위스의 바젤, 프랑스의 알자스 남부지방, 독일의 바덴 지
방을 포함하는 '레지오 바실리엔시스'를 만들려는 시도를
대표적인 예로 살펴볼 수 있다. 여기서도 역시 인접성과 근
린관계가 공간조직에서 중요한 역할을 하고 있다는 사실을
확인할 수 있다.

# 영향권

다양한 유형의 지역에서 비롯되지만 지역보다는 경계선이 유동적인 이른바 '영향권'도 생각해볼 수 있다. 이 영향권은 정치적 영향권을 비롯하여 경제적, 금융적, 문화적 영향권 등 다양한 성격으로 분류할 수 있다. 때로 영향권은 제국주의나 식민주의 시대로부터의 유산일 경우도 있다. 또한 그 유산은 과거 지리적 위치를 고려한 전략적 선택과 연관될 수도 있고 아닐 수도 있다. '영향권'의 실제 내용은 지역에 따라 그리고 관련 국가에 따라 달라진다. 예컨대 프랑스인들이 행정용어로 소위 '영역권 국가들'(pays du champs)이라 부르는 일종의 국가집단이 있다. 그것은 옛 프랑스 식민지였던 아프리카 지방을 주로 가리키는 명칭인데, 현재는 지난날 포르투갈 제국에 속했던 아프리카 국가들과 자이르까지 망라해서 일컫는다. 이 국가집단은 여전히 프랑스 정부 내에서 '대외협력부'의 소관으로 되어 있다. 그 가운데 몇몇 국가는 '자유무역지대'에 속해 있기도 하다. 또한 모든 소속국가들이 아프리카, 카리브 해, 태평양에 위치하고 있어 'ACP 국가'라고 약칭되기도 하며, 로메(Lomé) 협정에 의해 유럽연합과 연결된다. 정도는 다르지만 다들 프랑스어를 사용하고 있어서, 말하자면 프랑스어 왕국을 구성하고 있는 셈이다. 그런 이유에서 프랑스의 정보기관 및 군사기관은 그들의 동향을 면밀히 주시하고 있다. 또한 각국 정상들끼리도 서로 연결망을 형성하고 있으며, 그 연결망을 통해 프랑스 공화국의 대통령과 대등한 위치에서 충분한 의사교환을 통해 여러 가지 문제들을 해결해나가기도 한다.

이처럼 세계에는 넓은 지역을 포함하는, 그러나 늘 분명한 한계선을 그을 수는 없는 영향권들이 존재하며, 그 지도를 그리는 것도 가능하다. 그것을 들여다보면 우선 유럽 특히 프랑스의 그림자가 드리워져 있는 흑인들의 나라, 즉 서아프리카와 중앙아프리카가 있다. 그리고 미국의 수도 워싱턴이 통제하는 아메리카 영향권이 있다. 워싱턴에는 국제통화기금, 세계은행, 미주(美洲)개발은행(IDB), 미주기구(OAS) 등과 미국 국무성 및 백악관까지 자리잡고 있어서 그 영향력은 아주 크다. 한편 독일의 그림자는 동유럽에서 터키까지 뻗치고 있다. 일본은 사반세기 전부터 '다시 아시아화'하며 자국 기업과 자본의 힘을 통해 '아시아 공영권'을 재조직하고 있다. 사실 일본은 이 영향권을 1936년에서 1945년 사이에 무력으로 조직하려 했었지만 끝까지 지속시킬 수 없었던 역사를 가지고 있다. 그런데 이 '영향권'에서 실제로 일본이 행사하는 영향력은 부분적인 것에 지나지 않는다. 중국의 영향력 또한 점점 강해지고 있기 때문이다. 그래서 이

두 핵심국가 사이에는 긴장이 조성되고 있으며, 그 긴장은 그다지 완화될 기미를 보이지 않고 있다.

앞에서도 말했듯이 '세금 없는 천국'이 위치하는 곳도 바로 이런 영향권 내부이다. 이 '세금 없는 천국'은 은행, 기업, 그리고 암흑조직들이 '위장단체'의 이름을 빌려 은밀한 돈이나 비밀리에 간수해야 하는 돈을 관리하는 데 이용된다. 예를 들어 북미와 남미 각국은 카리브 해 지역의 '세금 없는 천국'을 이용한다.

이와 같이 세계라는 팔레트에는 새로운 지역과 특히 새로운 공간의 형성으로 끊임없이 풍부한 색채가 더해지고 있다. 지방단위는 계속 유지되지만 그 기능은 변모했고, 또 인접한 지역공간에 의해 영향을 받고 있다. 지역공간에는 다양한 유형이 있으며 '영향권'을 조직하고 있는 경우도 있다. 그리고 '영향권'의 범위가 비록 유동적이기는 하지만 그것을 통제하는 나라들이 철저하게 개입하고 있다는 사실은 결코 감춰지지 않을 것이다.

## 미국의 주도권

미국은 국제사회에서 아주 특별한 위치에 있다. 2차대전의 위대한 승리자였고, 1945년에서 1989년까지 세계의 양극화현상을 이끈 두 주체 가운데 하나였다. 더구나 그 양극화는 결국 소련의 판정패로 끝을 맺었다. 미국은 전세계를 상대로 무력을 행사할 수 있는 군사력을 가진 유일한 나라이다. 미국의 군대는 세계 전체를 파괴할 수도 있는 것이다. 2차대전 직후부터 미국은 세계 산업의 주도권을 잡아왔고, 지금은 금융 분야의 주도권을 잡고 있다. 미국 달러화는 세계의 기준화폐로서 다른 화폐들 위에 군림하면서 달러의 규율을 따르도록 강요하고 있다. 미국은 다른 나라들에게 피해를 입혀가면서 자신이 감당해야 할 몫을 외면할 수 있는 유일한 나라이다. 미국의 무역수지 적자는 금리를 조정하는 방법을 통해 다른 나라들이 메워주고 있다. 걸프전에 들어간 비용은 페르시아 만 연안국가들과 일본 그리고 독일이 부담했다. 미국 기업들은 신기술을 독점하고 있지는 않으나 미국 정부의 지원을 바탕으로 전세계에 침투하면서 세계화의 구도 속에 강력한 실체로 남아 있다. 때로는 본의 아니게 패권을 쥐어야 하는 경우도 있는 나라의 역설(逆說)인데, 미국의 국내 정치제도는 세계 전체의 문제를 해결하기에는 적합하지 못한 제도이며, 미국 사회는 소수집단의 소외라든가 불충분한 국내 연결망 등 내부의 취약점들로 인해 어려움을 겪고 있기도 하다.

# 다양한 지역군들

'세계-체계'의 지역적 연결이 단지 지방단위에서 세계단위에 이르는 수직적이고 위계적인 방식으로만 이루어지는 것은 아니다. 지역간 연결은 지역-대륙 단위들 사이의 관계를 통해 수평적인 방식으로도 이루어진다. 그리고 이러한 단위들은 모두 제각기 고유한 리듬을 가지고 있고 또 고유의 문화를 집성하여 간직하고 있기 때문에 세계무대에서 취하는 입장도 제각기 다르다. 대륙 내부의 복잡한 현실들도 계속 유지되고 있어서, 때로 공동시장, 경제연합 또는 자유무역지대 등을 제도화하는 국가연합단위가 구성되고 기능을 수행하기 시작하면, 그 현실들이 갈등을 일으키며 새삼 강조되어 드러나기도 한다.

이처럼 제각기 다른 성격을 지닌 지역군들이지만 세계화과정에 노출되어 있기는 마찬가지이다. 사실 하나의 지역군 내에는 다양한 정치적 단위나 문화적 단위들이 함께 모여 있을 수도 있고, 나아가 서로 이웃하는 그 단위들 사이에 어떤 갈등관계가 빚어질 수도 있다. 하지만 어쨌든 하나의 지역군은 전체적으로 동일한 특성과 리듬을 가지고 있고, 그렇기 때문에 세계무대에서도 특별한 지위를 차지하게 되는 것이다. 지역군의 성격이 이러하기 때문에 세계화를 겪는 과정도 지역군마다 제각기 다를 수밖에 없다. 사하라 사막 이남의 아프리카는 유럽 강대국들의 식민지배를 받았다는 점과, 대부분 열대기후 지역에 속한다는 자연환경상의 공통점을 갖고 있다. 민족구성이 다양하고 종교와 문화가 다양하다는 사실 역시 공통된다. 신생국가들은 최근에야 간신히 기반을 구축하고 있는 중이며, 대부분이 아직도 내부적으로 대단히 취약한 권력에 의존하고 있다는 사실도 공통적이다. 이 아프리카 지역은 현재 엄청난 인구증가를 보이면서 대다수 주민들이 빈곤을 벗어나지 못하고 있다. 세계의 산업생산과 연구활동에서 차지하는 비중은 거의 전무하다시피 하고, 세계 인구의 8%를 차지하면서도 세계 무역에서는 1%도 채 안되는 미미한 무역량을 분담하고 있다.

대서양을 가운데 두고 아프리카와 반대편에 라틴 아메리카가 있다. 라틴 아메리카는 유럽인에 의해 추진된 세계화가 낳은 작품이다. 그래서 알랭 루키에는 이 지역을 가리켜 '미완성의 극서(極西)지방이며 불완전한 제3세계'라고 부른다. 이곳도 전체 면적의 5분의 4는 열대기후에 속한다. 독립국가들의 탄생은 특히 이베리아 반도에서 벌어진 나폴레옹 전쟁과 19세기 초 스페인 제국의 몰락이 빚어낸 결과였다. 브라질의 경우는 포르투갈과 합병되었다가 분리되는 과정도 겪었다. '극서지방'이라고 하는 이유는 포르투갈어 등

라틴계 언어를 사용하는데다 법질서, 종교, 주민 등도 주로 대서양 동안 지방, 즉 유럽과 아프리카에서 유입된 경우가 많기 때문이다. '불완전한 제3세계'인 까닭은 인구의 4분의 3이 도시에 몰려 살고 있지만 소득분배의 엄청난 불균형을 해소하지 못하고 있어서, 결국 대륙 전체의 1인당 평균소득 은 세계 평균치(2천 달러를 조금 웃도는 정도)와 비슷한 수준 에 머물러 있기 때문이다. 평균수명(60세를 조금 넘는 수준) 과 1인당 교역량도 대략 세계 평균치와 가깝다. 요컨대 라 틴 아메리카는 세계에서 가장 가난한 대륙과 가장 부유한 대륙 사이에 위치하는 중간 수준의 대륙인 셈이다. 그러나 이곳의 경제주기를 세계 전체의 경제주기와 비교해보면 상 당히 특징적인 면이 있다. 20년 전부터 경제주기가 아시아 보다 훨씬 짧아지고 있기 때문이다. 좀더 구체적으로 말하 면, 경기성장과 경기침체가 2~3년 정도의 간격을 두고 반 복되며, 이와 동시에 10년씩 지속되는 장기적 주기도 동반 하는 이중적 구조를 갖고 있다. 1980년대의 경제위기는 외 채상환이 불가능한 상태에서 10년을 버티어야 하는 결과를 가져왔는데, 이런 경우가 장기적 주기에 속한다.

태평양 연안의 아시아 지역은 대개 대륙붕 위의 얕은 바 다 즉 연해와 접하고 있다. 이 지역에 살고 있는 민족은 매 우 다양하지만 몇 가지 공통점도 있다. 물의 관리가 제대로

이루어지는 평야지방에는 인구밀도가 엄청나게 높고, 산간
지방에는 아무도 살지 않거나 사람이 산다고 해도 그 수가
극히 적어 아주 대조적인 모습을 보인다. 인접국가들 사이
에는 언제든 표면화할 수 있는 잠재적 갈등관계가 존재하고
있어 긴장감이 지속된다. 중국 대륙의 존재가 엄청난 무게
를 가지고 압력을 가하고 있고, 일본 역시 최근에는 그 세력
을 드러내놓고 과시한다. 또한 이 지역은 겉으로 드러나는
정치적 이질성과 문화적 이질성—몇 가지 공통성이 없는 것
은 아니지만—속에서 30~40년 동안 예외적인 경제성장을
(때로는 연간 성장률이 10%를 웃돌 정도로) 누려왔다. 그 성장
의 물결은 일본열도에서 비롯되었으나, 곧이어 지역 전체로
퍼져나갔다. 자본과 기술이 축적되고 근면한 주민들이 자본
과 기술을 활용할 수 있었기 때문에 이 지역은 지속적인 경
제성장을 이룰 수 있었다. 1980년대 북대서양 양안에 위치
한 지역의 경우에는 경제성장 속도가 주춤하고 특히 유럽에
서는 실업률이 점진적으로 증가하고 있지만, 아시아 태평양
국가들은 이같은 현상을 겪지 않아도 되었다. 그리하여 이
지역의 경제성장은 지난 20년간 세계경제를 성장시키는 데
지속적으로 큰 역할을 해왔던 것이다.

　이상에서 살펴본 세 가지 사례를 통해 세계화는 어디서
나 동일한 리듬으로 진행된 것이 아니라는 사실을 잘 알 수

있다. 그리고 세계화는 수평적 관계와 수직적 관계가 서로 얽혀 있는 가운데 실현되고 있다는 사실도 분명히 알 수 있다. 대륙간이나 지역간에 맺어지는 수평적 관계와, 크기가 다른 지역단위 사이에 맺어지는 수직적 관계를 통해, 또 각 지역을 변화시키면서도 그 특성을 그대로 유지해주면서 세계화가 이루어지고 있는 것이다.

# 6

## 세계화의 무대와 그 주역들

알게 모르게 세계화를 북돋우는 과정에 개입하는 주역들인 국가, 기업체, 공동체 및 단체들은 두 개의 공간을 무대로 활동한다. 얼핏 서로 모순되어 보이지만 사실은 연결되어 있는 이들 무대는 바로 국제 무대와 초(超)국가 무대이다. 두 무대는 공간에 대한 제어형태가 서로 다른데, 초국가 무대가 길 위에 있다면 국제 무대는 연결망 위에 있다고 할 수 있다.

세계화 주역들의 역할은 과점의 논리에 의해 연출된다. 상대방을 적이냐 동지냐로 확실히 구분하고 상대방의 전략에 따라 자신의 전략을 결정하는 것이다. 주역이 셋 이상인 경우에는 불안정한 평형상태를 이루다가 예측 불가능한 상태로 빠져들게 되는데, 이 점이 바로 양극화될 때나 주역이 둘일 때와의 중요한 차이점이다. 소련이 무너지기 전의 양극화 전략 시기에 관찰되었듯이, 주역이 둘일 때는 평형점을 둘러싸고 진동하는 양상을 띤다.

## 국제 무대

'세계-제국'들과 '세계-경제'들이 풍미하던 시대를 지나 현대적 세계화가 시작된 것은 세계 각국의 영토가 분명히 정해지면서부터였다. 다시 말해, 바다와 접한 해안지방까지 포함해서 지구상의 모든 육지를 경계선으로 분할하여 분명한 한계를 정하고, 모든 지표면을 국가단위로 나누어서 각 국가의 영토를 명확하게 규정한 시대로 접어들면서부터였다. 상징적인 의미로는 1885~1887년 사이에 아프리카 대륙의 식민지 분할을 최종적으로 확정지은 베를린 회의를 현대적 세계화의 시발점으로 간주할 수 있을 것이다. 식민지이든 식민 모국이든 모든 땅은 한 국가에 귀속되게 되었다. 한편 모든 국가는 수행해야 할 일정한 임무들을 부여받고 있다. 거기에는 '합법적인 폭력'(막스 웨버의 표현)을 행사함으로써 국내질서와 시민생활의 평화를 확립하는 임무도 있고, 국제사회를 구성하는 다른 국가들에 대항하여 자국의

주권과 정당성을 확보하는 임무도 있다. 이러한 임무들을
잘 수행하기 위해 국가는 자신만이 독점적으로 가진 수단—
사법권, 경찰권, 군사권, 외교권 등—을 동원한다. 국가는 세
금을 징수하여 필요한 사업에 사용하며 행정을 수행하는 데
드는 비용을 지불하고, 사회간접자본시설을 건설하며 소득
을 재분배한다. 그리고 국가는 입법권과 사법권을 독점적으
로 행사한다. 또한 국가 내부에는 여러 지역들이 존재한다.
거기에는 정치권력이 자리잡는 수도가 있고, 영토의 한계를
설정하는 국경선도 있다. 국가는 그 국경의 통행을 규제한
다. 실제로 군대가 맡은 막중한 임무 가운데 하나가 바로 국
경선이 엄격히 지켜지도록 감시하는 것이다—적어도 과거
에는 그랬다. 국가의 일들을 잘 관리하기 위해 국토는 행정
단위, 사법단위, 군사단위로 세분된다. 국가는 정치의 정당
성을 독점하며 시민의 대표자들을 중개인으로 삼아 시민들
과 대화하는 권리도 독점한다. 국제기구나 지역을 구성하는
다국적기구가 갖는 권력 및 성격도 원칙적으로는 그 회원국
들이 위임한 것이다. 국가의 상징물이나 기호는 국내 또는
국제사회에서 그 국가를 인식하는 수단이 된다. 국기, 국가
(國歌), 그리고 일반적으로 우표와 화폐도 그같은 상징물에
해당한다. 각 나라는 영토와 더불어 법령에 의한 '동질적 단
일체'와 단일 경제 공간을 구성한다.

현대의 첫번째 세계화는 '국제적' 무대를 구성하는 국가
들과 그들 사이의 관계에 의거한다. 전문가들 즉 외교관들
의 협상으로 만들어지는 국가간의 관계는 문서로 체계화되
어 국제법을 정립하는 데 밑바탕이 된다. 그리고 '국제관계'
를 주로 다루는 정치학의 한 분야가 발달할 수 있는 토대가
되기도 한다. 국경지방에 대한 출입 통제는 지역에 따라 그
정도가 다르지만, 관세를 징수하고 사람, 물품, 화폐 등의
이동을 반드시 기록으로 남기는 것만은 세계 어디서나 공통
적이다. 그 기록은 매년 또는 매월 평가되는 결산 형식으로
정리되어 각국의 인구, 상품, 비용의 수지 균형을 보여주며,
그 움직임에 관한 연구는 국제경제를 움직이는 기초자료가
된다. 실제로 국제경제는 거시경제학에서 연구하는 각국의
국민경제가 서로 어떤 관계를 맺고 있는지를 파악한 다음,
그것을 철저하게 이용한다.

한 국가의 영토와 국민은 기업이 필요로 하는 시장을 형
성하는 기반이 된다. 적어도 과거에는 그랬다. 다른 나라들
을 서로 비교하면 각 나라가 어떤 비교우위를 지니고 있는
지 밝힐 수 있고 국제적 교류와 거래도 활발하게 일어나게
된다. 이같은 사실은 실제로 18세기에 아담 스미스가 이미
간파한 바 있다. 예컨대 제국주의 시대의 대도시에서 태어
난 기업들은 제국의 영토에서 취할 수 있는 모든 이점들을

찾아내어 한껏 활용했다. 그들에게는 노예시장, 원자재생산, 상품생산, 심지어 군대의 주둔까지도 이용 가치가 있었다. 이처럼 국가에 기초한 첫번째 세계화에서는 영토성의 강화, 그리고 규범화·약호화·회계화된 거래가 우선이었다.

물론 지금도 국가는 여전히 경제활동에 개입한다. 환율과 세율을 조정하고 교육을 실시하며 연구활동을 지원하는 등 간접적인 방식으로 개입하기도 하고, 나아가 세계시장에 진출하는 기업들의 활동에 직접 개입하기도 한다. 국가가 기업활동에 개입하는 방식에는 여러 가지가 있다. 우선, 자국의 기업이 외국 기업과 협상을 벌일 때 자국 기업을 정치적으로 지원하는 방식이 있다. 이것은 미국이 항공, 전자, 무기산업 분야에서 사용하는 방식이다. 독일과 프랑스도 이 방식을 시도하고 있다. 다음으로, 국내 고용을 유지하는 것이 좀더 중요한 일일 경우에는 외국 기업을 국내에 유치하고 자본과 생산의 흐름을 잘 파악하면서 그 기업들로부터 최선의 대가를 얻어내는 것이 유리한 방식이다. 이러한 방식을 사용하는 대표적인 예는 자국의 영토 즉 입지를 제공하고 거기서 이익을 얻고자 하는 영국의 정책이다. 그런데 위의 두 방식을 적절하게 혼용할 수도 있다. 프랑스가 바로 그러한 혼용 작전을 펴고 있는 나라이다. 프랑스는 수출을 돕고 해외에서의 구매계약을 지원하기 위해 자국의 정치기

구와 행정기구를 총동원하며, 그와 동시에 국내 고용 창출
을 위한 외국 기업 유치에도 힘을 기울이고 있다.

## 국가의 다양성

단 한 세기 만에, 특히 식민 제국들과 '중심'을 이루는
제국들이 종말을 고하면서 얼마나 많은 변화가 있었던가!
아메리카 대륙을 제외한 나머지 대륙들은 모두 닥쳐오는 엄
청난 변화를 피할 수 없었다. 아메리카 대륙도 전체적으로
안전지대인 것은 아니어서, 카리브 해 지역은 변화를 겪어
야 했다. 19세기 말 수십 개에 지나지 않던 국가와 제국의
수는 이제 200여 개로 늘어났고, 그 가운데 184개국이 국제
연합 회원국이 되었다. 1997년 미국 애틀랜타 올림픽에는
197개국이 참가하였다. 이와 대조적으로 1945년 샌프란시
스코 헌장에 조인한 나라는 51개국뿐이었고, 1차대전과 2차
대전 사이의 20여 년 동안 존재했던 국제연맹의 가맹국은
단지 29개국에 지나지 않았다. 몇 가지 원칙과 상징들이 '국
제' 무대에서 역할을 계속할 수 있도록 가치를 인정받고 있
는데도 국가간의 이질성은 여전히 확대되고 있다.

국가간의 이질성에는 여러 종류가 있다. 우선 인구규모
면에서 나타나는 차이를 보자. 인도와 중국, 이 두 나라는

세계 인구의 40%를 차지한다. 반면에 전세계 국가 가운데 4분의 1이 넘는 국가들(55개국)이 채 100만도 안되는 인구규모를 갖고 있다. 더구ee나 약 12개국은 아예 10만도 못된다. 또한 국토의 면적에서도 불균등한 분포가 나타난다. 세계에서 1,000만km$^2$를 넘거나 그에 거의 육박하는 넓은 면적을 자랑하는 나라는 5개국 정도 된다. 그 중 독립국가연합(CIS)이 1,700만km$^2$, 캐나다가 약 1,000만km$^2$, 미국이 930만km$^2$, 브라질이 850만km$^2$의 면적을 차지하고 있다. 그러나 이와 반대로 10,000km$^2$ 미만의 작은 면적을 가진 나라도 40여 개국이나 된다. 그리고 국가간 경제력의 차이도 심하다. 미국과 일본은 세계의 경제대국으로서, 1995년에는 이 두 나라는 전세계 산업생산의 4할을 점유했다. 이상의 통계수치들은 어떤 구체적인 의미를 갖고 있다. 여기서 달러를 기준으로 산정된 1인당 국민소득으로 환산해서 그 의미를 분석해보면, 예컨대 모잠비크와 스위스의 소득 격차는 무려 100배 가까이 벌어진다는 결론이 나온다. 1인당 실질구매력으로 환산해보면 1 대 20 정도로 격차가 좁혀지기는 하지만, 그래도 두 나라 사이의 격차는 여전히 엄청난 것이다.

국가간에는 면적이나 인구의 차이도 있지만, 제도적인 차이 또한 무시할 수 없다. 어떤 국가는 복수정당제와 자유로운 평등선거를 통해 국민들로부터 정통성을 인정받고 있다. 또 어떤 국가는 조작된 선거를 통해 정통성을 억지로 획득하거나 아니면 독재자의 의도대로 움직이는 단일정당의 지배를 받고 있다. 뮈르달(Gunnar Myrdal)의 말대로 세상에는 '느슨한' 국가가 있는가 하면 '엄격한' 국가도 있고, 예전에 노리에가(Noriega)가 통치하던 파나마가 그러했듯이 국민을 착취하고 심지어 마피아의 후원자 노릇까지 하는 국가가 있는가 하면 '청렴한' 국가도 있다. 또한 국가가 경제에 직접 개입하고 육성하는 경우가 있는가 하면 경제에 대해서는 자유주의적인 경우도 있다. 그러나 국가가 경제에 깊숙이 개입하면서 엄격한 규제를 가하는 경우에도 자유주의 무역의 논리를 완전히 배제하지는 못한다. 이는 도시국가인 싱가포르가 잘 입증해주고 있다. 어떤 국가는 효율적인 제도로 운영되는 정부와 행정기관이 확고하게 받쳐주고 있다. 그러나 어떤 국가는 내부적으로 사적이고 무정부적인 폭력이 난무하는 '국지적 혼돈'이나 다름없다. 1996년 라이베리아, 소말리아, 아프가니스탄이 바로 그같은 경우였다. 국경의 의미는 나라에 따라 다르며, 그 나라가 어떤 상황에 있는지를 대외적으로 반영한다. 관세협정을 맺고 있는 나라들 사이에는 물자의 이동이 쉽게 이루어지도록 국경의 통제기능이 완화된다. 어떤 나라에서는 국경을 넘나드는 것이 자유롭지만 또 어떤 나라에서는 전혀 그렇지 못하다. 후자의

보기로는 얼마 전까지 '철의 장막'이 있었고, 지금도 남한과
북한을 가르는 경계는 굳게 닫혀 있다. 감시가 소홀한 채 유
지되는 국경이 있는가 하면, 또 밀폐된 국경도 있다. '국지
적 혼돈'의 경계는 망명자들과 피난민들을 수용하는 난민촌
들로 붐빈다. 1990년대에 르완다를 둘러싼 국경지대가 바로
그러했다. 혼돈상태에 빠진 나라들의 변경지방에 세워지는
난민수용소는 오늘날 세계의 비극적인 현실을 여실히 보여
준다. 1996년 난민수용소에 수용된 가족과 개인의 수는
1980년에 비해 3배나 늘었다.

이와 같이 국제 무대는 균일하지 않은 포장도로와 같아
서, 어떤 것은 두텁고 넓은데 어떤 것은 얇고 좁다. 어떤 것
은 구멍이 뚫리고 낡고 약하여 산산조각날 것 같기만 하고,
또 어떤 것은 견고하게 구축되어 있다. 바로 이 점에서 이질
성이라는 단어가 전체적인 의미를 갖게 되는데, 어떠한 기
준점(평균값, 중간값 등)도 무의미할 만큼 여러 집합체들이
강한 대비를 보여준다.

## 허물어지는 국경

그 정도와 성격은 다르지만 조금씩 '국경이 허물어지는'
상황이 전개되고 있다. 금융의 초국가화, 인공위성으로 전송

되는 정보, 기업들의 활동 등은 공간적으로 국경을 뛰어넘는 현상이다. 분리주의자들에 의해 국경선과 영토의 정당성을 무시당하고 있는 국가들이나 테러분자들의 공격에 끊임없이 노출되어 있는 국가들은 논외로 한다고 하더라도, 무형적(無形的) 자원의 성장에 의해 조금씩 국경이 침식당하고 있다. 하지만 이러한 국경 약화는 사실상 주기적으로 반복되어온 현상이다. 바디(Bertrand Badie)는 '영토의 종말' 즉 국가 영토의 역할 상실이라는 문제를 제시한다. 국경이 약화되는 것은 영토에 다른 역할이 부과되고 그로부터 다른 기준들이 나오기 때문인데, 그로 말미암아 지역과 공간에 대해 이제까지와는 다른 의미가 주어지게 된다.

국경이 허물어져감에 따라 국가는 뒤로 물러나 고개를 숙이거나 겸손한 자세를 취하게 된다. 이제 국가는 자유주의 사상과 자유주의 행동을 수용하여 절제를 표방하는 정책을 펴게 되는 것이다. 그리하여 국민적 유대감을 강화하는 사회사업(공중위생, 교육, 문화생활)과 같은 몇몇 경제분야─공공사업이나 다양한 형태의 규제─에서 손을 떼는 결단을 내리게 된다. 그리고 독자적인 논리와 연결망을 가진 민간 기업체나 역시 독자적인 영향권과 연결망을 보유한 사회단체들이 국가를 대신하여 그러한 분야에 진출하게 된다. 그 결과 국경의 부적합성이 초래되고 새로운 공간이 태어나게 된다. 다시 말해 각국의 영토 한계를 표시하는 국경선들은 본질적으로 국가의 개념 속에 내재하는 요소이지만 실질적인 내용을 상실함에 따라 점점 현실에 맞지 않는 것으로 되어간다. 그 대신 경계선과 기능을 수시로 변경할 수 있는 보다 유연한 새로운 공간이 형성된다. 이 새로운 공간에서는 새로이 등장한 종교나 종족적 소속감, 또는 새로운 세계관에 기초한 새로운 유대감이 생겨나게 된다. 새로운 사명을 다시 힘있게 규정짓지 않는 한 국가는 붕괴할 것이며, 아울러 경영의 효율성과 정치적 효율성까지도 상실하게 될 것이다.

국가는 이제껏 자신이 독점적 권리를 가지고 지배해왔던 분야인 국제관계에서도 경쟁을 피할 수 없게 되었다. 국가가 아닌 다른 인자들이 그동안 국가의 활동영역으로 보존되어온 곳에까지 거리낌없이 개입하고 있기 때문이다. 이제 도시나 지역도 자주적으로 국제적인 정책을 수립한다. 비정부단체들도 국가의 힘이 미처 닿지 않는 분야에서 국가를 대신하여 활동할 수 있고, 인권정책처럼 국가의 고유한 관할 사항에도 관여할 수 있다. 마지막으로, 유럽연합 내에서 프랑스가 그렇게 했던 것처럼, 국가는 자신의 권력 가운데 일부를 '지역'의 기구에 위임할 수 있다.

이상에서 살펴본 경쟁관계, 국경파괴, 국가권력의 약화,

157

국가권력에 대한 공격 등이 발생하는 이유를 생각해보자. 그것은 이 세상에서 통치자의 입장에 서고 그 권력을 보장받으려면 과거처럼 영토를 통제하는 것보다 오히려 연결망을 통제하는 편이 한결 유리하기 때문이다. 실제로 연결망을 관리하는 것이 영토를 관리하는 것보다 비용이 적게 든다. 연결망의 통제는 대상을 좀더 '정확하게 지정하기' 때문에, 인적 자원을 관리하고 인간관계를 조정하는 일에 매달리는 번거로움을 겪지 않아도 되는 것이다.

## 분리지구와 연결망으로 이어진 지역권

사람들을 영토라는 틀로 구획짓는 것은 여러 모로 보아 다른 대안이 없는 일이며, 적어도 현재까지는 다른 방식으로 대체되지 않고 있다. 게다가 국가가 영토라는 틀 안에서 수행하는 경제외적 기능들은 오히려 그 중요성이 점점 커지고 있다. 이같은 사실은 지금의 새로운 변화를 통해서도 쉽게 파악할 수 있다. 다시 말해 이제 국가 영토는 주민을 분할하는 땅이 된 것이다. 물론 제품과 서비스의 이동에서 국경은 점점 더 쉽게 통과할 수 있는 보잘것없는 장벽이 되어가고, 관세율 인하 조치는 세계무역기구에 의해 지속적으로 추구되는 목표이기는 하다. 그러나 일본이나 스위스처럼 가장 부유한 나라에서부터 부탄처럼 가장 가난한 나라에 이르기까지 대부분의 국가가 원하지 않는 인구, 특히 극도로 빈곤한 인구의 자국내 유입을 막기 위해 국경을 엄격히 통제하려고 애쓰고 있다. 또한, 한 국가 내에서도 '통제되지 않는' 인구 이동이 너무 많은 것은 바람직하지 않으므로, 이를 막기 위해 '영토성의 강화'를 적극 도모하게 된다. 그래서 각국은 대개의 경우 은밀한 방법으로 소외된 인구, 수익성 있는 생산과 소비에 참여하지 못하는 인구를 따로 분리수용하고 있다. 그 결과 빚어지는 인구분리 현상은 무척 다양하다.

간신히 명맥만 유지하고 있는 몇몇 문화의 다양성과 같은 자연스러운 생물 다양성의 증거를 보존할 필요성이 강조되면서, 과거의 문화유적과 기술을 '생생히' 보존하는 것이 중요해진다. 그런 목적에서 설립된 것이 자연공원을 비롯한 각종 지역단위의 공원, 국립공원, 자연보호구역, 호주의 원주민 보호구역이나 북미의 인디언 보호구역 등이다. 부유한 나라든 빈곤한 나라든, 모든 나라는 이같은 형태의 보호구역을 운영하고 있다. 보호구역들은 보호라는 관점과 관광이라는 관점을 잘 조화시키면서 보존의 기능을 하고 교육적인 가치도 지닌다. 마찬가지로 희소가치가 있는 농촌이나 그 잔재에도 보존의 원칙을 확대적용할 수 있을 것이다. 현장

에서 사라져가는 농경기술과 농촌의 모습을 보존하는 것이
가장 시급한 일이기 때문에 생산지로서의 역할은 2차적이
다. 그러나 생산보다 보존에 힘쓰려면 그만큼 외부의 지원
이 있어야 하며, 실제로 보존지역에 대한 다양한 지원책이
모색되고 있다. 유럽연합이 재정적인 후원을 맡고 있는 농
업환경 지원책의 경우도 그 가운데 하나가 될 수 있을 것이
다. 그런만큼 우리 시대 최후의 농부들은 '뒷받침할 만한 혹
은 지속될 만한 개발'의 보증인 역할을 부여받는다.

　또한 분쟁중인 종족들을 분리수용하는 경우도 이따금
있다. 인종청소작업이 가져온 질서—대개 대량학살의 질서
이다—를 보고 경악한 국제사회는 종족격리정책을 추진하
기로 하였다. 다시 말해 종족마다 자신의 영토를 소유하도
록 한다는 것이다. 보스니아 사태를 수습하기 위해 체결된
데이튼 조약이 바로 그런 정책을 대변하는 상징이 되었다.

　마지막으로, 대도시 한가운데에서는 빈곤, 마약, 범죄 등
에 빠져 위협적인 존재로 변해버린 주민들을 '문제성 있는'
지역 내에서 '분리수용'하는 일이 필요하다. 그런 다음 그같
은 위험 주민들을 관리하고 생활여건을 개선해주기 위해 다
양한 조치를 취한다. 거기에는 치안상 고립된 지구로 만들
어버리는 조치에서, 나아가 그곳에 정착할 생각이 있는 상
인들이나 기업체를 도와주는 조치까지 포함된다. 바로 이러

한 정책을 가리켜 프랑스에서는 도시정책이라 부르고 있으
니 기묘한 완곡어법이 아닐 수 없다.

남아프리카공화국의 반투 족이 법적으로 사라지고 있는
순간에도, 세계지도는 이렇게 때로 수치스럽고 은밀하게 자
행되는 분할로 점철되고 있다. 분할의 규모나 목적은 다양
하지만 공통되는 점은 분리하는 기능, 피난처가 되거나 별
도로 격리시키는 기능, 그리고 보호하는 기능을 한다는 것
이다.

사정이 이러하기 때문에 국가는 더욱 더 '외부적인 것
들'—교육, 환율안정 등—을 제공해야 한다. 안전하고도 안
정된 지역들, 세계화의 경제적 역할이 활성화되도록 서로
경쟁하면서 연결되는 지역들을 창출해야만 한다. 그리하여
개별 지역의 장점들을 더욱 강화하면서 세계의 연결망들이
원활한 기능을 수행할 수 있도록 환경을 만들어주어야 한다.

한편, 군대나 경비원 또는 사설 경비업체의 안전요원들
에 의해 불량한 주민들로부터 보호되는 부유한 지역이 별도
로 '국가 밖에' 있다. 하지만 연결망의 결절지를 둘러싸고
보호하는 이러한 영토 분리나 구획 분할이 그리 오래갈 것
같지는 않다. 남아프리카공화국의 사례가 그것을 희화적이
라 할 정도로 잘 보여주었다. 사실 지역권 사이의 영역 분할
은 국가가 수행해야 하는 국민통합의 기능에 분명히 역행하

는 것이다. 더구나 영역 분할은 연결망을 구성하는 상이한 지역권들과 제도적으로 만들어진 분리지구(分離地區)들 사이에 서로 끼리끼리 뭉쳐 단절되는 현상을 일으키기 때문에, 이웃 지역들간에 때로 첨예한 대립까지 생기게 만들 것이다.

## 초국가 무대

각국의 영토로 포장(鋪裝)되듯 한 세계는 또한 연결망으로 얽혀 있기도 하다. 이 연결망을 통해 정보나 물자를 유통시키는 흐름은 국경과 무관하게 움직인다. 말하자면 '국경통행증'을 소지한 흐름인 셈이다. 초국가 무대의 기초를 이루는 논리는 바로 이러한 연결망의 논리이다. 그것은 '아치'로 끼리끼리 연결된 '결절지들'을 다시 연결하는 논리이다. 여기서 각 '결절지'는 주변으로 파급효과를 미치면서 하나의 '지역권'을 형성하게 된다. 세계적인 문제들이 대개 그렇듯이 초국가 무대에도 여러 가지 요인들이 상승작용을 일으킨다. 그래서 초국가적 흐름이 나날이 더 큰 중요성을 갖고 다가오는 것이다. 이 초국가 무대에 개입하는 인자들로는 우선 정보와 통신 분야에서 발달된 기술을 들 수 있다. 국경과는 무관하게 지구 주위를 돌며 지상의 모든 것을 샅샅이 담아내는 인공위성이 정보, 영상, 수치들을 전달한다. 오늘날에는 디지털화가 실현되면서 정보의 축적이 가능해졌고, 정보는 동일한 전송방식을 토대로 영상, 음성, 문자 등 그 형태를 자유로이 바꿀 수 있게 되었다. 실제로 초국가 무대가 활발하게 기능하기 시작한 것은 자유주의 사상이 밀려오고 2차대전이 끝난 직후부터 GATT가 관세장벽을 낮추기 위해 끈질기게 노력하던 시기로 거슬러 올라간다. 그러니까 자유주의와 GATT의 노력이 곧 국경의 의미를 약화시키는 데 한몫을 했던 것이다. 또한 인공위성을 통한 정보전달을 통제할 수 없게 됨에 따라 국경의 가치는 떨어졌다. 정보로서는 침투가 용이한 국경도 구직자들이나 좀더 나은 생활조건을 찾아 이동하는 사람들에게는 대단히 통과하기 어려운 장벽인 것이다.

이러한 규제 및 관세장벽의 철폐와 같은 움직임은 국가를 단위경제, 즉 '국민경제'의 영역으로 간주하던 사고에 종지부를 찍게 한다. 특히 금융 분야에서 규제의 철폐는 모든 규칙의 완전한 실종이라기보다는 규제의 변화를 의미하며, 그리하여 세계무역기구 같은 국제기구들의 보호 아래 활동하는 기업체들간의 협정이 때때로 국가의 규제보다 우위를 차지함으로써 국가는 전면에 나서지 못하게 되었다.

운송과 통신 분야에서 주로 구축되는 '대규모 기술체계'라든가 국가의 간섭을 벗어난 새로운 규제방식은 실제로 세

계적 규모로 성장한 대기업들이 매우 유용하게 쓸 수 있는
도구들이다. 대기업들을 특징짓는 요소에는 여러 가지가 있
다. 우선 대기업들은 각국의 국경과는 전혀 무관하게 전세
계 혹은 그 일부를 포괄하는 그들만의 공간을 만들어낸다.
그룹의 계열사들과 기업들 사이의 관계로 형성되는 그 공간
에서는 많은 정보를 비롯해 자본, 제품, 그리고 제품을 구성
하는 부속품 등이 외부에는 알려지지 않은 채 흘러다닌다.
현재 세계 교역량 가운데 상당한 부분(약 40%)이 실제로 기
업체들간의 내부거래에 의해 이루어지고 있다. 때로는 제품
의 지리적 원산지를 정확히 말하기 어려운 경우도 있다. 그
래서 다음과 같은 의문도 일어난다. 아직도 'ㅇㅇ나라 제품
(made in)'이라는 표기가 어떤 의미를 가질까? 그것은 조립
한 나라를 뜻하는 것일까, 아니면 고안하고 제작한 나라를
뜻하는 것일까? 본사의 경우는 별 문제가 없겠지만 본사가
있는 곳에 위치하지 않는 기업체들의 입장에서 본다면, 그
것은 관리 및 경영책임자들의 국적을 뜻하는 것일까, 아니
면 출자국을 뜻하는 것일까? 아직도 많은 세계적인 대기업
들이 특정 국가에 소속되어 있고 그 국가의 문화로부터 기
업활동의 저력을 얻고 있다고는 하지만, 무엇보다도 합병과
연합으로 인해 나날이 숫자가 늘어가는 기업들의 국적에 관
해서 의문을 가질 만하다. 하지만 근본에 대해 이렇게 신경

을 쓴다는 사실 자체가 구태의연한 것은 아닐까?

세계적인 기업들은 같은 산업 분야에 종사하는 다른 기업들과 '과점적' 관계를 구축하고 있다. 기업전략을 세울 때도 '적-동지'의 이분법에 기반을 둔 전략을 채택한다. 한편으로는 교역, 기술, 금융 부문에서 서로 치열한 전쟁을 치르고, 다른 한편으로는 서로 협약을 맺어 영향력을 넓히면서 위험하다고 생각되는 적수를 제압하거나 갈수록 비중이 커지는, 투자의 수익성을 보장해줄 대중을 확보하려고 한다. 여기에서 연합전선을 펴는 것은 무엇보다 시장확보를 위해서이다. 어쨌든 갈수록 확대되는 투자규모에 대해 어느 정도 수익성을 보장받으려면 시장을 형성하는 최소한의 인구규모를 확보해야 하는 것이다. 세계시장을 상대로 기업활동을 벌이려면 많은 비용이 필요하다. 그렇기 때문에 세계 구석구석까지 활동영역이 미치도록 하기 위해서는 이미 거대하게 성장한 기업들도 서로 연합하는 쪽이 유리한 것이다. 또한 세계시장을 겨냥하는 대기업들은 정확한 판단을 내릴 수 있게 해주는 뛰어난 정보체계를 보유하고 있어야 이윤을 창출할 수 있다. 기업전략은 세계 노동시장 상황에 대한 올바른 지식, 개발해야 할 기술의 선택, 각 지역에서 형성되는 지역시장—그 시장을 지배하는 규칙 및 관습—에 대한 분석 등에 기초하여 세워진다. 또한 기업활동은 환율과 가장 확실하고 비용이 덜 드는 방식으로 자본을 모을 수 있는 가능성에 토대를 두고 이루어진다.

## 국제적 결합과 초국가적 결합에서 오는 힘

위에 열거한 조건들은 대기업들이 어디에서 힘을 얻는지를 잘 보여준다. 20세기 말의 오늘날, 대기업들은 두 가지 '활동영역', 즉 국제 무대와 초국가 무대에 동시에 개입할 수 있는 가능성으로부터 힘의 일부분을 도출하고 있다. 물론 환율, 노동 및 세금에 관한 규정, 기업이 혜택을 볼 수 있는 '외부성', 시장의 규모와 현황 등은 모두 '국내 무대'가 좌우한다. 기업은 한 나라에 본사를 둔다. 부득이한 경우—셸(Shell)과 유니레버(Unilever)의 경우처럼—두 나라에 본사를 두는 수도 있다. 기업은 본국의 문화에 바탕을 둔 독특한 기업문화를 소유하기도 한다. 예컨대 지멘스(Siemens)는 독일 기업으로, 토오시바(東芝)는 일본 기업으로, 그리고 르노(Renault)는 프랑스 기업으로 남아 있다. 비록 1990년대 말에 이르러 그들의 경영과 기업전략 면에서 유사점을 찾을 수는 있지만 말이다. 이 기업들이 모두 미국 기업들을 본보기로 삼았으니 서로 미국식으로 닮아갈 수밖에 없는 사정이 있기도 하다. 어쨌든 실제로 기업의 국적이 과연 어디인가에 대해 의문을 갖게 되는 경우가 많다. 가까운 예로 유정(油井)을 뚫는 기술을 전문으로 판매하는 슐룸베르제(Schlumberger)는 쿠라사우*에 본사를 두고 있지만, 그 설립자는 프랑스인이고 자본과 기술은 주로 미국에서 제공받고 있다. 이처럼 모든 대기업들은 '초국가 무대'라는 활동무대가 허용하는 '편리함'의 혜택을 보고 있다. '국경을 자유자재로 통과하여' 즉각 전송되는 정보, 유럽 단일통화처럼 여러 국가간에 통용되는 화폐의 사용 가능성, '세금 없는 천국'에 계열사나 위장회사를 차릴 수 있는 가능성 등을 손쉽게 활용할 수 있기 때문이다. 그리하여 대기업들이 구성하는 공간은 결과적으로 초국적 공간이 되는 것이다.

20세기 후반 세계화에 개입하는 주역과 그들의 힘은 거의 언제나 두 영역, 즉 '국내/국제' 차원의 영역과 초국가 차원의 영역에서 영향을 미치고 있다. 달러는 미국 화폐이면서 동시에 국제적으로 통용되는 화폐이다. 예를 들어 국제 항공요금은 달러로 형성되며 '유로달러'는 초국가 화폐로서 각국 중앙은행의 통제 밖에서 유통된다. 가톨릭 교회는 바티칸에 국가로 간주되는 교황청을 두고 있으며, 외교관계에서 교황청을 대표해 일하는 교황청 대사들도 두고 있다. 보

---

* 쿠라사우는 카리브 해의 한 섬으로 석유매장량이 풍부한 베네수엘라 근해에 위치하지만, 실제로는 덴마크의 영토이다.

167

편성을 내세우는 가톨릭교는 초국가적으로 활동한다. 소련이 한참 기세를 떨칠 때 크레믈린은 일종의 제국주의적 민족주의라 할 만한 정책을 폈다. 그러면서 처음에는 코민테른(Komintern)에, 나중에는 코민포름(Kominform)에 가담한 당원들로 채워진 국제공산당연맹을 지원하는 역할도 하고 있었다. 공산당은 공산주의의 보편성을 내세우면서 '초국가 무대'에서 활동했던 것이다.

상당히 특수한 상황이기는 하지만 운동경기의 경우를 덧붙여보자. 올림픽 경기에 참가하는 선수단은 국가단위로 구성되어 있다. 경기의 승리는 국수주의적 감정을 유발시킬 수 있으며, 적어도 각국 언론의 보도를 통해 고양된 민족적 자긍심을 불러일으킬 수 있다. 때로는 각국의 지도층 인사들이 출전 준비중인 자국 선수들을 직접 격려하고 그들의 승리는 곧 국위를 떨치는 일이 되리라고 고무하면서 직접 그같은 자긍심을 드러내기도 한다. 그런데 국수주의와 같은 맹목적 애정은 어떤 도시나 마을의 소속팀을 응원하는 관중들에게서도 찾아볼 수 있다. 지방규모의 경기라고 해서 맹목적 지역주의에서 예외가 아닌 것이다! 하지만 오늘날 많은 스포츠 종목이 상품화되는 추세에 있고(한 예로 축구를 들 수 있다), 그에 따라 운동선수들은 스스로 몸값을 받는 상품으로 나서게 되었으며, 경우에 따라서는 다른 국가로 팔려

갈 수도 있게 되었다. 경쟁이 심한 스포츠는 국내/국제적 체계이며 게다가 국제경기는 등위를 매기기 위해 반드시 필요한 것이 되었다. 그리하여 국내의 각 종목에서 가장 우수한 선수들이 국제 무대에서 세계 선수권을 따기 위해 치열한 경쟁을 벌이고 있다. 특히 몇몇 종목은 그야말로 세계화되어가고 있다. 축구는 지방적, 국내적, 국가적, 초국가적 활동이다. 한 마디로 축구는 이제 세계적인 운동이 되었으며, 각종 대중매체는 크고 작은 규모의 축구경기를 중계하는 등 대단한 관심을 보이고 있다. 이처럼 세계화된 축구는 세계를 비추는 하나의 거울이다. 그래서 세계의 통상적인 불균형도 축구에 그대로 나타난다. 가난한 나라는 자기 나라 선수들을 외국팀에 수출한다. 가난한 나라의 선수들은 세계적 수준의 대우를 받을 자격이 있지만 자기 나라에서는 그에 걸맞는 대우를 못받아 해외로 나가게 되는 것이다. 한 예로 1996년 애틀랜타 올림픽에서 금메달을 딴 나이지리아 축구 선수들은 골키퍼를 제외한 전원이 유럽의 큰 축구팀들로 팔려갔다.

## 의혹과 불법이 난무하는 초국가 무대

어떤 활동들은 오로지 초국가 무대에서만 이루어진다.

거기에는 비밀리에 행해지는 마피아의 활동이나, 각종 불법 거래조직이 저지르는 마약 및 무기 밀매, 불법 윤락조직의 활동 등도 포함되어 있다. 이러한 활동들은 지역적 소속성이 명확한 조직망을 기반으로 해서 움직인다. 시칠리아계 조직망을 비롯하여 콜롬비아계, 중국계, 일본계, 러시아계 또는 체첸계 조직망 등이 바로 그것이다. 세계적인 대기업들이 모두 그렇듯이 불법적인 기업들도 국가간에 나타나는 갖가지 차이를 이용한다. 검문·검색에 관한 제도, 군대·검찰·경찰 따위의 단속기관과 세무기관에 종사하는 인력의 효율성, 주민의 구매력과 구매습관, 그에 따른 지방단위와 지역단위의 시장상태 등이 각 나라마다 다르다는 점을 충분히 활용하는 것이다. 세계적인 기준에서 본 모든 차이점들이 불법 기업들의 활동 기반이 될 수 있다. 다만 아직까지는 다양한 국가의 존재에서 유래하는 차이점이 대부분을 차지하고 있을 뿐이다. 두번째로 강조해야 할 불법 기업들의 성격은 위에서도 언급한 지리적 소속성과 관련된 것이다. 불법 기업들은 그 성격상 초국가 무대에서 활동하게 되지만, 그럼에도 불구하고 제각기 어떤 특정 지역에 강하게 소속된 느낌을 준다. 경영진과 구성원들은 민족적 또는 종족적으로 정의되는 특정 집단의 유대감, 즉 가족이나 족벌(族閥)의 유대감으로 이어져 있다. 그들은 자신들만의 '구역들', 즉 거주지역, 활동지역, 영향권 지역을 가지고 있다. 이처럼 불법 기업들도 역시 궁극적으로는 '지방'의 기반을 벗어나지 못한다. 그리하여 소단위 지역을 제대로 분석하려면 세계에 대한 이해가 반드시 필요하며, 반대로 세계를 분석하려면 반드시 소단위 지역에 대한 이해가 있어야 한다는 사실을 여실히 보여준다.

'세금 없는 천국'으로 불리는 지역 또한 우연한 입지에서 출발한 것이 아니다. 이곳에서는 특히 금융거래의 비밀이 보장되며 거래에 따르는 세금도 적게 부과된다. 특정한 지역적 조건과는 무관해보이는 지역이지만, 사실은 나름대로의 입지조건을 갖추고 세워진 것이다. 유럽에서는 중세의 자치권을 그대로 유지해온 곳이 유리한 입지조건을 갖추어 '세금 없는 천국'이 되었다. 예컨대 만 섬과 앵글로노르만 군도가 그러한 곳이다. 과거 귀족의 영지로서 특권을 간직해온 곳도 입지조건이 좋다. 그래서 모나코, 리히텐슈타인, 룩셈부르크, 안도라는 '세금 없는 천국'으로 변모했다. 미국 영향권 내에서는 카리브 해의 섬들이 좋은 입지조건을 갖추었다. 이 섬들은 그다지 내세울 만한 자원이 없는 신생국가들로, 지리적 위치에서 오는 장점과 태양, 모래사장, 성(性)을 의미하는 3S(Sun, Sand, Sex)의 혜택을 누릴 수 있는 자연적 입지조건을 적극 활용하여 '세금 없는 천국'을 만들었다.

이상에서 보았듯이, 초국가 무대는 '국제 무대'와 달라서 어떤 특정 영토에 기반을 두는 일이 없으므로 '지역성을 벗어난' 활동영역이라고 생각하면 잘못이다. 사실은 그와 정반대이다. 초국가 무대는 특정 역사를 통해 서로 묶여 있는 여러 지역들을 포함하고 있으며, 이들 지역은 또 각기 나름대로의 독특한 지역적 상황을 가지고 있을뿐더러 필연적으로 한 나라의 영토 안에 포함되어 있는 것이다. 다만, 초국가 무대는 연결망을 통한 각 지역간의 관계를 지역 그 자체보다 중요시하며, 따라서 초국가 무대에서는 영토의 논리보다 연결망의 논리가 더 강력하게 작용한다는 사실을 강조할 수 있을 것이다.

## 공동체의 영역과 세계화

세계화 과정에는 다국적 대기업들 같은 다양하고 이질적인 주역들이 국가의 테두리 밖에서 또는 국가와 어깨를 겨루며 점점 더 적극적으로 개입하고 있다.

몇몇 조합, 공동체, 집합체들은 세계화 이전으로 거슬러 올라가는 오랜 역사를 갖고 있지만, 또 어떤 것들은 세계화가 낳은 직접적인 산물이다. 그러나 이제는 그들이 오히려 세계화를 이끄는 요인이 되고 있다. 그들은 세계의 일부분

172

또는 전세계에 걸쳐 개입하여, 국가들과 대화하고 투쟁하며 여론을 형성하기도 한다. 그리하여 결과적으로 교역을 일반화시키는 데 기여하고 있는데, 교역의 일반화는 곧 세계화의 본질인 것이다.

좀 거칠고 잠정적이기는 하지만 그들의 행위를 그 역사와 목적에 따라 몇 가지 범주로 구분할 수 있다.

우선 '영토성이 강한 집합체'로 대도시와 지역을 들 수 있다. 대도시들끼리 또는 지역들끼리는 서로 협력관계를 맺고 있는데, 그것은 주로 국제적 차원에서 맺어지는 관계이다. 따라서 도심이나 지역 내에 자리잡은 기업들은 그같은 협력관계를 이용하여 수출활동을 하는 데 많은 도움을 받을 수 있다. 그리고 프랑스에서는 그 협력관계를 가리켜 행정적 용어로 '지방분권적 협력'이라 부른다. 그러나 그것은 금세기 들어 새로이 등장한 협력관계가 아니다. 역사를 되돌아보면 많은 도시들이 서로 탄탄한 교역구조와 연결망을 통해 가동되는 빈틈없는 공간조직을 갖추고 있었다. 이는 발트해 지역의 한자동맹이나 '세계-경제'들의 중심도시인 암스테르담과 베네치아를 상기해보면 충분히 이해가 갈 것이다. 그런데 오늘날의 도시는 이처럼 국경을 넘나드는 지역을 구성하는 데에서 과거보다 더 중요한 역할을 수행하도록 요구받는다. 카롤린 포스텔-비네(Postel-Vinay)*가 연구한 동해 지역에서의 니이가타(新潟)의 역할이 이같은 경우이다. 니이가타는 동해 주변지역에서 중요한 역할을 수행하는 도시이다. 결국 국경을 통과할 때마다 거쳐야 하는 각종 통제와 규제들이 약화되면서 국가의 테두리 밖에서 도시를 매개로 다국적 공간들이 새로이 만들어지고 있는 것이다.

소위 '디아스포라'(Diaspora)라 불리는 민족적 이산(離散) 현상도 연결망 형성에 개입하여 영향을 미친다. 민족의 이산은 특정 인종이나 종교에 소속되어 있다는 사실에서 출발하여 자본 및 상품의 이산까지 야기하기 때문이다. 대부분의 이산현상은 현대적 세계화가 시작되기 훨씬 전부터 있어온 것으로, 유대인이나 중국인의 이산이 대표적인 예이다. 중국인들의 경우, 화교의 대부분이 중국 남부의 몇몇 지방 출신이라는 사실은 화교들 사이에 유대감을 형성하는 요인이다. 그런데 이 화교들은 대단위 지역의 경제공간을 '조직' 하는 데 기여하고, 또 그럼으로써 세계경제에 영향을 미치고 있다. 일단 중국대륙을 떠난 중국인들은 주로 싱가포르에서 타이베이에 이르는 지역에 거주하는데, 이들은 미국 서부연안과 유럽에 진출한 비교적 소수의 중국인들과도 연

---

* 시앙스포 총서 중 한 권인 『일본과 신(新)아시아』(Japon et la nouvelle Asie)의 필자. 시앙스포 출신의 정치학자로 일본 및 동북아시아 문제 전문가이다. 저서로 『일본의 조용한 혁명』(La révolution silencieuse du Japon) 등이 있다.

계되어 있다. 화교들이 집단적으로 거주하는 지역은 대부분 오랜 역사를 갖고 있으며 세계 곳곳에 분포한다. 이 화교 거주지들은 현재 세계화가 진행됨에 따라 자극을 받아 다시 활발한 활동을 펼치고 있다. 의리를 중시하는 인간관계, 긴밀한 가족관계, 다양한 단체 등이 화교사회의 강력하고 의무적인 유대감을 엮어나가고 있다.

개신교 교파에서부터 이슬람교와 불교도들의 단체에 이르기까지 여러 종교집단들에는 어떤 영토를 통치하는 권력보다는 종교적 지도자와 교리에 충성하는 것이 무엇보다 우선시된다. 그런 의미에서 그들은 때로 번창하는 기업을 소유하는 경우도 있지만 경제 이외의 영역에서 세계화의 한 주역들이다. 종교집단이 지키도록 요구하는 삶의 규율이 거주지 영토의 법제나 관습이 요구하는 규율보다 훨씬 중요하기 때문에, 영토의 권위는 약화될 수밖에 없는 것이다. 또한 종교단체가 지니는 이념적이고 종교적인 도구는 연결망을 통해 기능한다. 그러다보면 국가가 관할하는 국경을 넘나들기 일쑤이고, 결국 영토의 논리를 약화시키는 데 일조하게 되는 것이다.

비정부단체들은 세계화의 직접적인 산물로서 여러 가지 목적을 지닌 다국적 단체의 성격을 갖는다. 인도주의적 활동을 지향하는 단체로는 국제사면위원회(Amnesty Internati-

175

onal)나 1859년 솔페리노(Solferino) 전투* 이후에 설립된 국제적십자사를 들 수 있다. 환경보호운동을 벌이는 단체로는 그린피스(Greenpeace)가 가장 막강한 조직력을 가지고 있는데, 이 단체는 뛰어난 활동력과 대중매체 활용을 통한 여론 형성에 적잖은 영향을 미치고 있다. 한편 인권연맹을 비롯하여 각종 연맹들도 활약하고 있는데, 그 가운데는 여성과 아동의 권리를 보호하기 위해 노력하는 단체들도 있다. 규모가 큰 미국계 재단으로서 포드 재단과 록펠러 재단은 각 관련 분야에서 세계적인 활동을 벌이고 있으며, •그에 따라 미국의 위상을 높이는 데도 기여하고 있다. 20세기 말에 자주 열리는 세계적 규모의 회의들은 종종 비정부단체 주관과 정부 주관의 두 측면을 함께 가지고 있다. 1992년 리우 지구환경회의와 1995년 베이징 세계여성대회의 경우가 그러했다. 이처럼 세계적 단체들과 각국 정부는 점점 더 자주 접촉을 갖고 상호개입하는 입장이 되었다. 민간단체들은 특정 목적을 이루기 위해 정부를 상대로 '로비'를 벌이는 등의 활동을 펼치고 있으며, 각 정부로서도 그 단체들이 여론에 미

---

* 이탈리아 통일운동에서 오스트리아에 맞선 제2차 독립전쟁의 운명을 결정지었다고 하는 전투. 1859년 6월 24일 이탈리아 독립을 지원하는 나폴레옹 3세 휘하의 프랑스 군(8만)이 프란츠 요세프 황제 휘하의 오스트리아 군(9만)과 북이탈리아 솔페리노에서 격돌하여 프랑스 군이 승리했다.

치는 영향력을 고려하지 않을 수 없기 때문이다. 어쩌면 세계여론이라는 것은 결국 이와 같은 식으로 형성되는 것일 터이다.

세계화에 개입하는 또 다른 요인으로, 뚜렷한 형체를 지니고 있지는 않지만 분명히 그 실체를 느낄 수 있는 큰 집단이 있다. '세계적 학문공동체'를 구성하는 집단이 바로 그것인데, 여기에서는 정보교환, 강연회, 학술회의 등이 조직되기도 하고 '범지구적 변화'라든가 에이즈 퇴치운동과 같은 큰 주제를 중심으로 대규모 프로그램들이 구성되기도 한다. 이 '세계적 학문공동체'는 전공분야별로 나누어져 있으며, 역시 국내/국제/초국가 단위로 연결되어 있다. 이 공동체의 구성원들은 연결망을 통해 활동하기는 하지만 각자가 특정 국가에 소속되어 있으며, 그 나라에서 교육을 받았고, 근무 중인 연구소도 특정 지역에 위치하고 있다. 대규모 사업에 필요한 재정 조달은 국내적, 지역적(예를 들어 유럽 지역), 국제적으로 행해지고 대규모 프로젝트는 국가와 대규모 국제학회 사이의 회의를 통해 입안된다. 정보는 특히 인터넷과 같은 연결망을 이용하여 초국가적으로 교류되지만, 어떤 연구결과는 국내 사정이나―특히 안보와 관련된 내용일 경우―기업전략상의 이유로 공개되지 않은 채 비밀에 부쳐지기도 한다. 그리고 단 하나의 언어, 즉 영어가 공용어로 사용된다. 끝으로 이 '과학계'에는 몇몇 '중요한 단체들'과 그 위성단체들, 그에 소속되지 않은 단체들이 공존하고 있다. 학문공동체 구성원의 85%가 미국, 유럽, 일본에 집중되어 있고, 그 다음으로 중국과 러시아, 인도에 소속되는데, 그들은 종종 선진국에 연구자들을 보충해준다. '세계적 학문공동체'는 그 구조와 경쟁관계, 지향하는 목적, 지리적 분포를 통해 현대적 세계화의 실상을 축소해 보여주는 흥미있는 소우주이다.

소규모 테러집단들도 역시 초국가 무대에서 활동한다. 이들은 특정 국가를 적으로 삼고 조직된다. 좀더 구체적으로 말해, 자신이 소속되어 있는 나라를 적대시하고 그 정책에 대항하여 투쟁을 벌이는 단체들이 있다. 터키 정부를 상대로 쿠르드독립당(PKK)을 결성하여 투쟁하는 쿠르드족 집단, 옛 서독정부와 그 기업가들을 상대로 투쟁하던 '바더(Baader) 단(團)'이 바로 그런 단체들이다. 바더 단은 '붉은 군대의 파수꾼'으로 불리기도 했으며 1960년대 서독 자본주의에 맞서 투쟁한 단체였다. 한편, 자신이 속해 있는 나라가 아닌 다른 어떤 나라에 대항하여 싸우는 단체들도 있다. 이들은 적대적인 외국에 압력을 가하기 위해서 활동한다. 미국에 대항하는 팔레스타인 집단, 프랑스나 미국 국적의 군인과 외교관을 공격하는 레바논의 시리아인 집단을 그 예로

들 수 있다. 이상의 모든 집단들은 서로 다른 목표로 활동하면서도 서로 격려를 아끼지 않는 관계를 형성하는데, 그럼으로써 일종의 '테러리즘의 초국가 무대'를 구성하는 셈이다. 이들 집단은 때로 관련 국가의 지원을 받기도 한다. 관련 국가들이 무기와 돈을 제공하고 테러행위를 위한 교육도 시켜주기 때문이다. 그런 까닭에 공격을 받는 국가의 입장에서는 테러집단들을 위험하게 여기지 않을 수 없다. 실제로 자국 영토 밖에서 국민의 안전을 보장하는 면에서 테러집단들이 심각한 문제를 제기하고 있다고 생각하는 것이다. 그리하여 테러집단을 다루는 국제적으로 대단히 민감한 법률상의 문제가 대두되고 있으며, 그에 따라 완전히 새로운 외교기술을 개발하여 문제 해결에 나서야 할 필요성도 제기되고 있다.

# 7
## 세계화의 사례 연구

### 지방은 곧 세계를 비추는 거울

　지방의 상황을 분석해보면 세계화란 과연 무엇인가 하는 문제를 여러 측면에서 파악할 수 있다. 그리고 직접적으로 또는 여러 매개를 통해 세계화가 어떻게 집단과 개인에게 영향을 미치는지도 이해할 수 있게 된다. 세계를 이해하기 위해서는 하나의 독법과 하나의 해석법을 이용하여 전체적인 시각과 다양한 지방의 연구를 결합하는 일이 필요하다. 세계라는 하나의 실체를 이해하려는 경우에 세계적/범지구적 차원의 분석과 지방 차원의 분석이 동시에 병행되어야 한다는 요구는 다음과 같은 패러다임에 근거를 두고 있다.

세계는 그 속에 포함된 지방적 상황들의 상호작용에서 생성된다. 따라서 세계화를 이해하기 위해서는 세계를 그 여러 구조들과 얽히고 설킨 여러 체계들 속에서 인식해야 하며, 세계화가 어떻게 표출되고 지방의 현실에 어떤 영향을 미치는지도 파악해야 한다. 하지만 지방의 상황을 이해하기 위해서는 세계화 과정이 구체적인 특정 장소에 어떤 식으로 내부화되어가는지를 발견하고 분석하는 작업이 무엇보다 필요할 것이다.

세계화가 점차적으로 내부화되어가는 현상으로 인해 나타나는 특징적인 사실에는 어떤 것이 있을까? 세계화의 내부화를 측정할 수 있는 지표에는 어떤 것이 있을까? 세계화는 각 지역단위를 모두 변화시킨다는 사실—예를 들어 국가라는 지역단위에서는 국가와 영토의 관계를 변화시킨다—은 이미 알고 있지만, 지방적 요소들이 좀더 상위에 있는 지역단위에 개입한다는 사실을 입증하기 위해서는 어떤 신빙성 있는 자료를 구해야 할까? 이상의 문제들에 관해 혹시라도 '세계'를 추상적이고 총체적인 하나의 존재로 간주하는 반면에 지방을 상세하고 구체적인 단위로 간주하며, 그 둘 사이에 영원히 변하지 않는 단계적 구조로서 국가, 가족, 종교가 존재한다는 식으로 생각한다면, 이는 사실을 잘못 인식한 비효율적인 사고이다. 이와 반대로, 전체를 그 변화하

는 움직임 속에서, 그리고 그 내부의 상호작용 속에서 파악
한다면, 그것은 좀더 실효성이 있는 사고가 될 것이다.

## 공간의 유형들 혹은 설명의 열쇠

　지방을 세계와의 관계 속에서 분석하기 위해 여기서는
지리적 방법론, 즉 공간은 구체적 장소들을 둘러싸고 있으
면서 그 장소들에 어떤 의미를 부여하고 그들을 서로 관련
지어주는 기능을 한다는 사고에서 출발하려 한다. 그리고
애매함을 피하기 위해 용어들의 의미를 다시 한번 짚고 넘
어가는 것이 좋겠다. 공간은 장소들로 구성된 하나의 집합
체이다. 그것은 관계들의 장(場), 그러니까 하나의 체계이다.
　그러므로 장소는 공간을 구성하는 한 요소이다. 그런데
공간에서 어떤 관계들이 형성되려면 하나 이상의 연결망이
먼저 존재하고 있어야 한다. 결절지들과 그것들을 잇는 아
치형 통로들이 있어야 한다. 이 아치형 통로들은 사회간접
자본시설의 형태로든 아니면 잠재적으로든 실제로 기능하
고 있어야 하며, 결절지들은 설비들의 입지 또는 서로 특별
한 관계를 맺고 있는 개인이나 집단들을 통해 스스로의 존
재를 표현한다. 여기서 말하는 특별한 관계란 거리, 형태,
강도, 성격 등을 통해 설명될 수 있다. 각 공간은 하나의 시

간성(temporalité) 속에 자리잡고 고유의 리듬이나 주기, 빈
도를 가지며, 따라서 고유의 지속기간도 가지게 된다. 모든
개인, 모든 집단, 모든 사회는 자신들의 공간을 만들어내며,
이 공간에서는 모든 것이 '제자리에' 있다. 그런 의미에서
각 공간은 일정한 사회 수준의 공간적 체계이며 자신만의
고유한 시간성을 갖는다.

　　이와 같은 정의와 관찰을 토대로 하여 다음의 몇 가지
사실을 지적할 수 있다. 거의 대부분의 경우 하나의 장소는
동시에 여러 공간에 귀속된다. 일단 장소 자체가 이미 하나
의 공간—도시, 마을, 국가—인 경우가 많다. 파리는 국가
영토의 공간에 소속되어 있으면서 그 영토의 수도이고, 파
리 지역(Région parisienne)의 중심이다. 또한 파리는 유럽의
대도시들이 구성하는 연결망에 소속되어 있고, 세계 대도시
들의 연결망에도 소속되어 있다. 이상의 여러 공간들은 각
기 나름대로의 역사를 지니며, 배타적인 것은 아니지만 특
전을 받은 사회간접자본시설망을 지닌다. 예를 들면 RER*는
파리 도심지역에 서비스를 제공하고 지하철은 파리 시내에
서비스를 제공한다.

　　개인도 스스로의 공간을 가진다. 그 공간은 가족의 공간,

* Réseau Express Régional, 파리와 근교 위성도시를 연결하는 지역고
속철도

친교관계로 구성되는 하나 또는 여러 개의 공간, 직업의 공
간 등 다양한 공간의 중복이나 사용과 관련된다. 공간마다
자신이 빈번하게 오가는 장소, 이용하는 연결망, 이용시간
및 이용방법이 정해져 있다. 그리고 같은 장소에 서로 다른
공간과 관련되는 여러 집단들이 존재하는데, 이들은 다양한
연결관계를 형성하고 다양한 역할을 수행하며 각자 개입하
는 정도도 다르다.

## 지방—다양한 궤도들의 집합

프랑스 평원(Plaine de France) 북부의 작은 도시 상리스
(Senlis) 근처에 한 마을이 있다. 이 마을은 샤를드골 공항과
그리 멀지 않지만 비행기의 이착륙으로 생기는 공해에서는
벗어나 있다. 이 마을에는 어떤 비행기 조종사가 사방 300
미터쯤 되는 정사각형 택지 위에 집을 짓고 살고 있다. 에어
프랑스(Air France)에 근무하는 그는 잔디밭이 딸린 집을 소
유하고 있는데, 그 잔디밭은 국영철도회사에 근무하다가 은
퇴한 어느 시의회 의원에게 관리를 맡기고 있다. 금전적인
형편은 썩 좋지만 그의 상황은 자기 회사의 안정성과 항공
사들끼리 벌이는 세계적 경쟁에 좌우된다. 그는 미국에 기
착하여 시간적인 여유가 있는 경우에는 여러 상점들을 돌아

다니며 온갖 연장들, 특히 정원을 가꾸는 데 쓰이는 연장들을 구입한다. 직업상 그는 운송의 '세계화'를 직접 몸으로 구현하고 있다. 반면 국영철도회사의 퇴직자는 프랑스 영토의 순수한 산물이다. 그는 평생 국영기업체에서 일했고 나중에는 시의원으로 선출되었다. 그 옆집에는 보안시스템을 설치하는 일에 종사하는 한 중소기업체 사장이 살고 있다. 그는 회사를 직접 설립하고 키워왔다. 그의 고객은 주로 파리를 비롯하여 수도권 지역에 있는 기업체들(대규모 수퍼마켓, 은행, 산업체)이다. 그는 외국 경비업체들과 경쟁을 벌이는 처지에 있고, 유럽에 들어와 활동하기를 원하는 한 미국 업체에 회사를 넘기기 위해 협상중이다. 또 다른 주민은 프랑스 평원에서 농사를 짓는 대농(경작 면적이 500헥타르에 이른다)으로서 밀, 사탕무, 그리고 식용유 원료가 되는 식물 몇 종을 재배한다. 그의 수입은 날씨의 변덕보다는 유럽연합이 결정하는 가격과 할당량에 따라 달라진다. 이상의 인물들이 사는 '고급 주택가' 주변에는 임대주택인 HLM*이 들어서 있다. 그곳에는 나이 든 한 모로코 인이 살고 있는데, 그는 루와시(Roissy)**의 청소업체에서 임시직 근로자로 일한다.

---

* Habitation à loyer modéré의 약자. 저소득층을 위해 국가에서 싼 임대료를 받고 제공하는 주택으로 흔히 아파트 형태로 지어진다.
** 파리 북쪽 근교의 위성도시. 샤를드골 공항이 이곳에 위치한다.

그의 아들은 실업자로 이따금 비정규적인 '아르바이트'를 한다. 그러나 그는 지역 축구팀의 자랑거리이고 장래 희망은 프로팀에 발탁되어 직업적인 축구선수가 되는 것이다. 같은 아파트 단지 내의 원룸아파트에는 서인도제도 출신의 한 젊은 여성이 살고 있다. 그녀는 파리 근교 보비니의 아비센 병원에서 일한다.

이것이 파리 지역 수도권의 어느 조용한 변두리 마을에 살고 있는 몇몇 이웃들의 모습이다. 그들은 다른 사람들과 겹치지 않는 생활공간, 가족공간, 직장공간을 가지고 있다. 비행기 조종사네 집 정원에서 잔디를 깎는 퇴직자는 예외이겠지만 말이다. 그들 각자에게 세계화와 프랑스 영토의 관계는 다른 의미로 다가올 것이다. 중소기업체 사장에게는, 좋은 조건으로 좀더 큰 미국 기업에 회사가 팔려 아무런 걱정 없이 '황금의 은퇴'를 맞이할 수 있을 것이라는 희망을 의미한다. 농부에게는, 유럽연합의 기금 가운데 충분한 금액이 농업분야에 할당되고 충분한 보상가격이 책정되는 것을 의미한다. 그에게는 세계나 프랑스보다 오히려 유럽의 역할이 결정적이다. 보비니의 병원에 근무하는 간호원은 서인도제도가 프랑스 행정구역의 하나로 편입된 덕분에 생겨난 '서인도제도 연고망'를 통해 직장을 구할 수 있었으며, 가까운 친구의 범위는 우선 고향 과들루프(Guadeloup) 섬[*] 사람들이다. 세계적인 스포츠로 발전한 축구는 대중매체를 통해 많은 관심을 끌어모을 뿐만 아니라 대단히 높은 상품가치도 갖고 있으므로, 모로코 젊은이에게는 축구선수의 꿈을 이루는 것이 곧 가장 훌륭한 사회적 적응수단이자 직업적 안정을 확보하는 수단이 될 수 있을 것이다. 또한 그들은 모두 자신의 고급주택이나 임대주택에서 서로 비슷한 가전제품들을 사용하고 있다. 세탁기, 텔레비전, 냉장고 등을 갖추고 있으며, 그 이해와 해석의 방식은 각기 다르겠지만 아마도 같은 텔레비전 뉴스를 시청하고 있을 것이다. 그들은 다같이 지방세를 납부하고, 저녁이면 도시의 가로등 혜택도 다같이 누린다. 선거가 있을 때면 같은 후보들이 그들에게 한 표를 부탁한다. 하지만 아마도 그들의 선택은 각자 다를 것이다. 이처럼 그들 모두에게 주거공간이 되는 그 지역은 어떤 연대의식도 조성하지 못한다. 개인과 지방과의 관계를 비롯하여 개인과 프랑스, 유럽, 세계와의 관계는 사람에 따라 각기 다른 것이다.

* 프랑스 정부는 1946년 서인도제도의 많은 섬들 가운데 아직도 프랑스령으로 남아 있는 과들루프 섬, 마르티니크 섬, 그리고 그 주변의 조그만 섬들을 과들루프와 마르티니크라는 두 행정구역으로 조직하였다. 그 이래 과들루프와 마르티니크의 주민들은 프랑스 국적을 가지게 되었으며, 그에 따른 혜택도 본토의 프랑스인들과 똑같이 받게 되었다.

## 모리셔스 섬─광대한 세계적 공간들의 교차점

인도양에 자리잡은 모리셔스(Mauritius) 섬*은 이미 10여 년 전부터 경제성장을 거듭하여, 동아시아 국가들의 현지공장이 들어서는 나라 가운데 하나가 되었다. 이제 모리셔스 섬은 예전부터 내려오는 자원으로서 여전히 상품가치가 있는 사탕수수와, 최근에 개발된 열대 모래사장이라는 관광자원에 섬유제품과 전자제품이 추가되었다. 그러나 이웃에 있는 레위니옹(Réunion) 섬의 사정은 전혀 다르다. 주민 1인당 소득(임금수준이 모리셔스 섬보다 4~6배 가량 더 높다)으로 따지면 이 섬이 모리셔스 섬보다 형편이 나아야겠지만, 그 소득은 파리로부터의 재정적 지원과 프랑스 정부가 생활보호 정책에 따라 제공하는 경제적 지원에 힘입은 것이다. 다시 말해 남에게 의존하는 소득이다. 그러다보니 '섬의 고지대'의 경우처럼 지적, 심리적으로 비참한 생활을 면치 못하고 있다.

모리셔스 섬은 한때 프랑스령이었으나 나중에 대영제국

---

* 프랑스어로는 '모리스 섬'(L'île Maurice). 마다가스카르 섬을 중심으로 하여 그 주변에 흩어져 있는 많은 섬들 가운데 하나이다. 16세기 초 포르투갈 인에 의해 발견된 뒤로 프랑스 식민지가 되었다가 다시 1810년부터 영국의 통치를 받아왔으며, 1968년 독립국가가 되었다. 현재 영국식 의회제도를 도입하여 영연방의 일부를 이루고 있다.

에 편입되었다. 그 영향으로 오래 전부터 크레올(Créole)*화
된 프랑스어를 사용하게 되었으며, 정치적으로는 영연방의
일부가 되었다. 설탕 섬으로도 불리는 이 섬은 플랜테이션
에 기초한 경제를 영위하고 있다. 플랜테이션 농장의 원래
주인은 백인들이었는데, 프랑스령 시절에는 백인농장주의
숫자가 이웃 부르봉 섬(레위니옹 섬의 다른 이름)에 비해 오
히려 적은 편이었다. 노동력은 마다가스카르 섬, 동부 아프
리카, 그리고 인도 남부에서 건너온 흑인들이 제공하고 있
다. 이 섬은 아프리카를 돌아서 인도로 가는 항로상에 위치
한 기항지로, 주민은 대부분 인도 남부지방 출신이다. 1834
년에서 1907년 사이에 45만에 이르는 인도인들이 이주해왔
고, 그 중 30만이 그대로 눌러앉아 살게 되었다. 이 인구는
당시 레위니옹 섬에 이주한 인도인들보다 6배나 더 많은 것
이다. 그동안 말라리아로 인한 사망률이 높았음에도 불구하
고 그 인도 이주민들이 오늘날 모리셔스 섬의 인구를 구성
하는 기반이 되었다. 몇몇 중국인촌이 이 지역 인구의 다양
성을 더욱 다채롭게 만들고 있다. 실제로 주민들은 '자치지
역주의'적인 특징을 강하게 보이고 있다. 각 집단은 종교적,

* 크레올 어는 유럽의 식민지에서, 특히 서인도제도에서 원주민들이
  유럽인들과 대화하기 위해 유럽인들의 언어를 모방하여 사용함으로
  써 생겨난 독특한 언어로, 프랑스어, 스페인어, 영어가 뒤섞인 혼성어
  의 성격을 띤다.

인종적, 역사적 배경 위에서 제각기 독자적인 방법으로 조
직되고, 그 활동과 주거지, 정치적 조직 면에서 서로 다른
집단들과 구별된다.

　모리셔스 섬이 프랑스어권에 속하다보니 1994년에는 프
랑스어권 국가간의 정상회담이 이곳에서 열렸다. 인도계 수
상이 국정을 맡고 있으며 영연방에도 가입하고 있지만, 동
시에 ACP(아프리카, 카리브 해, 태평양) 국가 가운데 하나로
로메 협정에 동참하였다. 그 덕분에 모리셔스 섬은 관세협
정의 혜택을 받게 되었고, 세계시장에서 거래되는 시세보다
더 비싼 가격으로 설탕을 공급할 수도 있게 되었다.

　인도양에 위치하여 비교적 고립된 입지조건을 가진 이
열대 화산도에는 여러 공간이 개입한다. 우선, 크레올화된
프랑스어를 사용하는 지역으로 이루어지는 공간이 있는데,
이는 프랑스의 통치가 남긴 유산이며 90년에 걸쳐 존재해온
프랑스 문화의 유산이다. 그리고 1810년에서 1968년까지
대영제국에 종속되어 있었던 과거와 연관된 영연방의 공간
이 있다. 또한 인도양 주변에 분포하는 '인도계 사회'가 구
성하는 공간도 있으며, 이 공간은 인도 남부지방과 밀접한
관계를 유지하고 있다. 마지막으로, 싱가포르와 홍콩을 중요
한 결절지로 삼고 있는 중국계 연결망에 소속됨으로써 생기
는 공간이 있다.

이 섬나라의 공식적, 비공식적인 모든 지도자들은 위의 모든 공간을 잘 이용할 줄 알았다. 그리하여 다양한 공간에 소속되어 있다는 사실에서 갖가지 국익을 도모하였다. 특히 설탕 산업은 유럽연합과 맺은 협정을 가장 성공적으로 이용하여 높은 수익을 이끌어냈다. 그 덕분에 설탕 수출에서 얻은 소득을 매년 축적할 수 있었다. 물론 모리셔스 섬의 설탕 산업은 상대적으로 평평한 지형의 영향을 받아, 인근 레위니옹 섬보다 넓은 면적과 낮은 고도에서 상당히 구식으로 운용되고 있는 것은 사실이다. 설비를 제대로 갖추지 못한 인도계 소규모 플랜테이션 농장들과 폐쇄된 소규모 설탕공장들을 흔히 볼 수 있다. 그러나 이웃 레위니옹 섬(프랑스의 행정구역으로 편입되었기 때문에 그만큼 임금이 비쌀 수밖에 없다)에 비해 노임이 6분의 1밖에 되지 않을 만큼 저렴하기 때문에 생산비가 적게 들고, 또 좋은 조건으로 유럽연합에 수출도 할 수 있어서 결과적으로 수익성은 어느 정도 보장된다. 한편, 섬유공업은 유럽연합과 맺은 섬유협정의 혜택을 누려왔다. 그러나 지금은 유럽연합도 세계무역기구도 그 협정을 인정하지 않고 있다. 어쨌든 섬유공업 덕분에 이 섬에는 면세구역의 대우(대부분 도시나 도시 근교에 위치하는 수출업체들에게 부여되는 지위)를 받는 공장들이 번성하게 되었다. 노동력을 제공하는 인구는 주로 여성이다. 그리고 현재는 노동력 부족으로 인해 다시 마다가스카르 섬에까지 가서 공장을 세우는 형편이다. 그리하여 마다가스카르 섬의 사정 도 5만 명의 생활보호대상자를 가진 레위니옹 섬과는 판이 하게 달라지고 있다.

모리셔스 섬은 유럽의 국가들로부터 군사적 보호를 받고 있다. 프랑스어권이라는 이유로 프랑스가 적극적으로 나서는 한편, 영연방에 속해 있는 까닭에 영국도 지원을 보내고 있다. 한편, 인도계와 중국계 연결망은 공장건립을 용이 하게 했다. 공장들로 하여금 사회적 규범에 따른 구속을 전혀 받지 않으면서 질좋고 값싼 노동력을 이용할 수 있는 여건을 만들어주었기 때문이다. 이것이 바로 모리셔스 섬이 레위니옹 섬과 크게 다른 점이다. 모리셔스 섬의 공장들은 주문 업체들의 요구에 신속하고 훌륭하게 대응한다. 주로 싱가포르에서 주문이 온다. 그리고 유럽 시장의 수요에 맞추어 작업도 하고 있다. 유럽, 오스트레일리아, 남아프리카 공화국 등지에서 오는 관광객들은 숙박업계가 양질의 서비스를 제공하고 시민생활의 안전도 납득할 만한 수준인 이 섬을 좋게 평가하고 있다. 산호초로 둘러싸인 해변은 대양에 솟아오른 산이라고 할 레위니옹 섬의 해변보다 훨씬 아름답고 안전하다. 그러나 태양, 모래, 성이라는 3S를 추구하는 관광산업은 투자한 시설에 비해 수익성이 너무 낮아, 결국 섬의 경제에 부채를 안겨주게 되었다. 관광수입이 예상보다 적었던 것이다. 게다가 관광객들이란 어느 정도 타락의 요인이 되게 마련이다. 그래도 사회간접자본시설은 대외적인 활동과 관련하여 그 존재가치를 충분히 발휘하고 있다. 특히 훌륭한 항공교통 시설은 모리셔스 섬과 관련된 각 공간의 핵심도시들과 이 섬을 연결하는 기능을 수행하며, 전 세계와 통하는 전신망은 세계의 동향을 신속하고 정확하게 감지하면서 훌륭하게 기능하고 있다. 실제로 모리셔스 섬에서는 남북 항로(유럽 항공사들, 특히 영국 항공사들)와 동서 항로(콴타스 항공, 인도 항공, 남아프리카 항공)가 서로 만난다. 레위니옹 섬이 오랫동안 프랑스 항공사의 독점하에 있었던 것과는 매우 대조적이다. 결론적으로, 모리셔스 섬이 앞에서 설명한 다양한 공간에 소속되어 있다는 사실은 개발과 발전의 측면에서 오히려 더 큰 역할을 하고 있다. 왜냐하면 유럽이나 과거의 모국과 멀리 떨어져 있다는 물리적 거리는 그리 큰 문제가 되지 않기 때문이다. 인도양 가운데 '외따로' 떠 있는 모리셔스 섬이 세계의 다른 지역들로부터 고립된 것은 결코 아니다!

이와 더불어 모리셔스 섬이 지닌 군사전략상의 중요성도 언급해야 할 것이다. 이웃하는 섬 세이셸과 마찬가지로 모리셔스 섬도 중요한 군사적 가치를 지니고 있다. 냉전시대에는 인도양 전체를 총괄하는 군사기지였고, 따라서 페르시아 만 연안의 국가들도 그 관할구역 안에 들어 있었다. 이 섬은 또한 인공위성과 로켓을 발사하고 그 움직임을 관찰하는 데에도 알맞은 곳이다. 그래서 미국은 이 섬을 인공위성 및 로켓 발사기지로 사용하고, 그 대가로 섬의 면세구역에서 생산된 제품에 대해 경제적 특혜(유리한 수출입 할당제)를 제공하고 있다.

모리셔스 섬이 세계화에서 차지하는 비중은 레위니옹 섬과 더 이상 비교가 안될 정도로 크다. 레위니옹 섬은 세계화의 바람을 피해 '무풍지대'를 이루면서 프랑스의 행정구역에 편입되어 그 보호를 받고 있다. 사실 행정구역의 보호 기능은 프랑스적 공간에서나 특이하게 찾아볼 수 있는 것이다. 그리고 바로 이 점이 레위니옹 섬에서 인구이동, 법적 권리, 정책, 사회보장제도, 자본의 이동 등 모든 분야에서 결정적인 역할을 하고 있다. 게다가 프랑스를 통해서, 레위니옹 섬은 유럽에 소속되는 혜택을 누리기도 한다. 낙후되고 소외된 산지와 섬 지역에 대한 원조를 받는 것이다. 그러나 외부로부터 재정적인 도움을 받고 외부에서 유입되는 자본에 의존하는 경제는 장래에 대비할 수 없다.

# 기니—가난한 주민에게 미치는 세계화 효과

아프리카의 열대국가 기니의 푸타 잘롱 고원에는 해발 1,000미터 가량 되는 곳에 자리잡은 원주민 마을이 있다. 이 마을은 라베와 가깝고 수도 코나크리에서는 300킬로미터 가량 떨어져 있다.* 세쿠 투레(Sekou Touré) 대통령이 통치하던 때에는 이곳 원주민에 대한 탄압이 극심했다. 많은 주민이 학정을 피해 다른 곳으로 이주했고, 소떼를 갖고 있던 주민들은 강제수용소에 갇혔다. 자연히 목우에 종사하던 이 지방의 조방적 목축업은 크게 쇠퇴하거나 부분적으로 퇴락하는 형편이 되었다. 그리하여 결국 주민의 일부—아마도 가장 역동적인 일부—가 먼 곳으로 떠나는 현상까지 나타났다. 이들은 국경을 넘어 다카르, 세네갈, 파리 교외, 그리고 뉴욕을 비롯한 대도시권 등으로 이동하였다. 한마디로 소규모 민족이동이 일어났던 것이다. 사암과 라테라이트가 주성분을 이루며 침식토가 표층을 덮고 있는 고원에 위치한 이 마을은 지금도 아프리카의 '빈곤'을 대변하고 있다. 그러나 습한 분지 주변으로는 용수의 관리가 잘 이루어져 채소재배

* 푸타 잘롱 고원은 기니 서부에서 대서양 연안지방과 내륙지방을 가르는 산지고원이다. 라베는 이 고원지방의 중심도시 가운데 하나로, 고도가 높은 산간에 위치하고 있다.

가 가능하다. 특히 감자를 많이 심는다. 이들 채소는 해가 지면 기온이 선선해지는 덕분에 특히 밤에 잘 자란다. 원칙적으로 감자를 비롯한 이곳의 채소는 코나크리 시장으로 팔려나가야겠지만, 코나크리의 '대규모 상업지구'에서는 더 이상 그 채소를 사들이지 않고 있다. 네덜란드에서 수입되어 들어오는 감자가 더 인기가 있기 때문이다. 아마도 네덜란드산 감자가 유럽산이고 가격도 싸니까 그처럼 좋은 반응을 얻는 것일 터이다. 해발고도가 좀더 낮은 지역에는 벼농사를 짓는 논이 있지만, 지금은 이용되지 않은 채 방치되어 있다. 이곳의 논은 중국과 협력관계를 유지하던 세쿠 투레 대통령 시절에 중국인 전문가들의 지원을 받아 개간된 것이다. 초기의 어려움과 비용 부담을 견뎌내고 1980년대부터 쌀을 생산하기 시작했지만, 1990년대 중반에 들어와 이 지방에서 생산된 쌀은 더 이상 팔리지 않거나 팔리더라도 극히 소량에 불과하게 되었다. 지역시장이나 전국시장에서도 상황은 마찬가지였다. 그 이유는 기니가 서부아프리카에서 가장 가난한 나라 가운데 하나로 지목되어, 국제연합 식량농업기구(FAO)가 펼치는 세계식량정책(WFP)의 요구에 따라 미국 루이지애나에서 생산된 쌀이 들어와 싸게 팔리기 시작했기 때문이다. 자연히 이 지역의 논농사는 더 이상 유지되기 어려워졌다. 말하자면 이곳의 논은 '인도주의'의 이

197

름을 내건 경쟁자에 의해 사라져버린 셈이다. 원래 세계식
량정책이 기능을 수행하려면 보상절차를 포함하여 기본적
인 절차를 갖추어야 하는데, 기니에서는 그것이 전혀 고려
되지 않았다. 실제로 세계식량정책에 의해 제공되는 쌀은
우선 정부기관과 유착하여 사업을 벌이는 이 지역의 마피아
조직에게 넘어가고, 그리하여 범죄집단들이 공공연히 자행
하는 밀수행위를 부추기게 된다. 더구나 이렇게 불법적으로
거래되는 쌀은 정치적 혼돈 속에 있는 시에라리온과 라이베
리아로 흘러들어가, 오히려 그곳의 불법 무장단체들을 지원
하는 용도로 쓰이게 된다. 불법 무장단체들이 사들이는 쌀
은 다시 무기를 구입하는 재원이 되고 있으니 말이다.

한편, 마을 한 귀퉁이에는 디스코 클럽이 있어서 이 지
역 젊은이들을 할렘의 리듬에 맞춰 춤추게 한다. 뉴욕에 거
주하는 클럽 소유주가 보내오는 미국 음악을 틀어주는 것이
다. 시멘트로 지은 집들이 마을에 들어서게 된 것은 프랑스
1부 리그에 소속된 축구팀에서 활약하고 있는 어떤 축구선
수가 벌어들이는 수입 덕분이다. 그가 프랑스에서 받는 급
료는 이곳의 물가에 견주어보면 상당한 금액이다. 이 두 가
지 사례가 말해주듯이, 이곳에서는 정치적 지원뿐만 아니라
개인의 역할이 있다. 국제노동시장, 특히 그 시장의 생산물
들이 반드시 예상하던 기대치를 충족시켜주지는 않는다. 특

히 식료품 시장에서 선진공업국들이 경쟁을 붙여온다. 그리하여 한때는 중국 기술의 도움을 받았고, 그 다음에는 프랑스의 도움을 받아온 이 지역 농부들의 생산 노력을 허사로 만들어버리고 만다.

불비네 항은 코나크리 시 안의 작은 포구이다. 니제르 강 유역에서 온 어부들이 이곳에 정착하여 고기를 잡는데, 그들은 잡은 생선을 말려서 시장에 내다판다. 한편, 이전에는 기니비소에 자리잡고 살았던 포르투갈 상인들이 이곳으로 옮겨와 어부들로 하여금 고래를 잡도록 유도한다. 고래잡이 배들은 해상에서 고래의 지느러미와 간을 떼어낸 다음 냉동시킨다. 냉동고래는 마카오에 있는 다른 포르투갈 상인들에 의해 광둥의 식당으로 팔려간다. 그리고 최근 주장 강 유역 삼각주 평야지대의 산업발달로 부자가 된 중국인 미식가들의 식탁에 오르게 된다. 이와 같은 무역은 1980년대 초반부터 중국이 경제적으로 문호를 개방함으로써 비로소 가능해진 것이다. 그러나 이 무역망은 또한 포르투갈 인들이 16~17세기에 이미 아프리카 해안지방과 마카오에 무역의 교두보를 설치했고, 더구나 그들이 '팔방미인'인 기니 어부들의 솜씨를 익히 알고 있었으며, 코나크리 앞바다에 고래가 많다는 사실과 광둥 지방 중국인들의 기호까지 두루 알고 있었기 때문에 가능해진 것이다. 이와 더불어 냉동고의

등장으로 몇 주간의 긴 항해 동안 잘라낸 고래고기를 제대
로 보존할 수 있게 됨으로써, 아프리카와 중국을 잇는 고래
무역도 그만큼 활발해졌다.

## 페루—세계시장을 향한 개방과
## 지역적 부조화의 심화

페루 남부 내륙에 위치한 쿠스코 지방은 세계시장을 향
해 문호를 개방한 데서 오는 좋은 결과와 나쁜 결과를 동시
에 경험하고 있다. 쿠스코 지방에 뿌리내린 한 양조업체는
다른 큰 도시들이 멀리 떨어져 있는 덕분에 상당히 독점적
인 소비시장을 확보하고 있다. 지난날 이 업체는 직접 인근
농민들의 생산활동을 관리하며 그들이 생산한 보리를 사들
이는 유일한 존재였다. 또한 농민들에게는 그것이 유일하게
정규적인 수입을 보장하는 수입원이었다. 그런데 자유주의
무역에 입각한 페루의 시장개방은 유럽과 미국으로부터 맥
아가 수입되는 결과를 가져왔다. 수입 맥아는 장기간의 운
송에도 불구하고 쿠스코 지방에서 그 지역 농민들이 생산한
맥아보다 싼 가격에 매매되었다. 자연히 양조업체는 더 이
상 인근 지역에서 생산된 보리를 구입하지 않게 되었다. 그
리하여 이 지방에서는 보리 경작지가 사라지고 있으며, 그

200

것은 보리가 유일하게 수익성 있는 작물이었던 농민들에게 경제적 위기를 가져다주고 있다.

쿠스코가 위치한 높은 고원지대 근처 산비탈에서는 농민들이 종자 사과를 재배하고 있었다. 1990년까지 그들은 기술적 지원과 농촌에 제공되는 대출 혜택을 누리고 있었다. 그러나 후지모리 대통령이 주도하는 '작은 정부'의 기치 아래 농촌을 위한 각종 서비스가 축소되고 농업은행이 폐쇄되었다. 그에 따라 종자 사과의 생산도 중단되었다. 종자가 수입되면서 파탄에 빠지게 된 것은 역시 농민들이다. 이 지역에서 몇 킬로미터 떨어진 곳에는 소위 '신성한 골짜기'라 불리는 우루밤바 계곡이 있다. 그런데 이 계곡의 마을들은 갈수록 화려하게 멋을 부리고 가옥들은 새로이 단장하고 있다. 공장에서 바로 나온 새 자동차와 트럭도 날마다 늘어나고 있다. 이같은 번영에 기여하는 요소로는 세 가지를 들 수 있다. 첫째, 관광객이 다시 늘어나고 있다는 점이다. 내국인뿐만 아니라 유럽, 미국, 일본 등지에서 오는 외국인 관광객들도 늘어나고 있는데, 이는 치안상태가 좋아진 덕분에 나타나는 현상이다. 둘째, 관광객뿐만 아니라 미국과 유럽의 상점들에도 이 지역에서 생산되는 수공업 제품들을 판매하게 되었고, 그에 따라 도자기, 직물 등을 생산하는 많은 수공업자들이 생활을 영위할 수 있게 되었다. 마지막으로, 미국이

질좋은 '팝콘'을 생산하기 위해 '잉카 옥수수'를 수입해감에
따라 계곡 저지대에 사는 농부들도 현금을 만질 수 있게 되
었다. 이상에서 말한 세 가지 수입원 즉 관광산업, 수공업
제품, 옥수수는 1991년 이래 계곡 저지대의 작은 마을 주민
들의 소득을 크게 신장시키는 데 이바지했다. 그들의 자녀
는 이제 페루의 국내 대학은 물론이고 멀리 북미 대륙의 대
학으로 유학갈 수도 있게 되었다. 그러니까 5년도 채 안되
는 짧은 기간에 한편으로는 국내시장과 세계시장의 개방을
통한 부의 축적이 일어나고, 다른 한편으로는 생산활동이
붕괴되거나 완전히 사라짐으로써 지역시장이 활기를 잃고
또 빈곤화 현상까지 일어나고 있는 것이다.

　비슷한 사례를 하나 더 들어보자. 페루 중부지방에 위치
하는 찬카이 계곡 중턱에서는 과수 재배, 특히 사과와 복숭
아 재배가 활발하다. 계곡 안쪽이든 산등성이와 인접한 곳
이든, 농부들이 재배하는 가장 기본적인 작물은 언제나 과
수인 것이다. 그리고 찬카이 계곡은 수도 리마로부터 약간
북쪽으로 진행하면서 태평양 연안지방과 연결되어 있는 관
계로 이 지방의 산물은 주로 리마 시장에 공급된다. 도로와
인접한 계곡 안쪽에서는 과수를 재배하기 위해 농부들이 아
주 좁다란 경지에서 일해야 하는 불편함이 있지만, 그러나
계곡을 흐르는 물 덕분에 용수를 충분히 공급받을 수 있는

큰 이점이 있다. 그리하여 사과와 복숭아를 특용작물로 삼는 단일경작이 이루어진다. 이에 비해, 산비탈에서는 식량생산과 소를 기르는 조방적 목축업이 과수재배와 함께 이루어진다. 세 가지 활동이 결합하여 이 지역의 생산체계를 구성하는 셈이다. 그리하여 지역주민의 식량을 공급하는 생산활동과 황야에서 가축을 기르는 목축업도 농촌 가계의 소득에 보탬이 되고 있다. 하지만 계속되는 한발로 말미암아 목축업과 식량생산은 현재 불리한 여건에 놓여 있다. 다만 복숭아 농사만이 그럭저럭 유지되고 있는 형편이지만, 그나마 기술적 지원과 자금대출이 원만하지 않아 계곡 안쪽에서 생산되는 복숭아와 견줄 만큼 질이 좋은 복숭아를 수확하지는 못한다. 그만큼 충분한 투자를 할 수가 없으니 어쩔 수 없는 노릇이다. 그러다보니 이 지방의 복숭아는 시장에서도 잘 팔리지 않게 되었다. 사실 지난 1980년대에는 센데로 루미노소*의 무리들이 설쳐 치안이 불안한 상태였으므로 리마와의 상거래가 전반적으로 그리 활발하지 못했다. 아코스라 불리는 계곡의 작은 마을에는 아예 대규모 군대가 주둔할 정도였다. 하지만 1990년대 말에 이르러 계곡 안쪽 지역은 한창 번영을 누리고 있다. 찬카이 출신으로 리마에 나가 사

* Sendero luminoso, '빛나는 길'이라는 뜻의 페루 좌익 게릴라 단체.

는 부르주아들은 이 계곡 안쪽에서 소규모 플랜테이션 농장을 경영하며 과수를 재배하고 있다. 농장운영에 컴퓨터 프로그램을 이용하고 농장 고용인들에게는 팩스를 사용해 지시를 내리면서 주말에는 자기들의 작은 소유지들이 잘 관리되고 있는지 감독하러 나오곤 한다. 농장에서 올리는 수입은 리마에서 올리는 수입과 함께 그들을 고소득자로 만들어준다. 또한 그들은 리마에 거주하기 때문에 자신의 농장에서 수확된 과일을 판매하는 사업에 직접 나서기도 한다. 이와 반대로 산비탈에 위치한 마을에는 가장 참담한 빈곤이 닥쳐왔다. 성서에서 말하는 이집트의 재난과도 같은 재난이 농작물 수확을 망치고 있는 것이다. 쥐들이 온통 들판을 점령하고 있는데다 가축들마저 전염병에 시달리고 있는데, 농민들로서는 이같은 재앙에 대처할 능력이 없다. 정부가 제공하던 각종 서비스들이 자유주의 경제를 실천한다는 명분 아래 와해되었음을 여기서도 볼 수 있다. 앞에서도 지적했던 농업은행의 폐쇄조치가 그 대표적인 예로, '작은 정부, 적은 규제'는 후지모리 대통령이 항상 내세우는 연설 주제이다. 그러나 농업행정의 실종은 점점 더 가난해져가는 농민들을 소외시키는 결과를 가져올 뿐이다. 그들은 이제 생존까지 위협받고 있다. 그런데 이 산비탈 마을에서 약 1,200미터 아래쪽에 있는 저지대에서는 계곡 안쪽으로 과수재배

가 크게 번창하고 있다. 실은 그것도 따지고보면 정부 정책
과는 무관한 것이다. 사실 저지대 계곡의 번영은 그곳이 연
중 풍부한 일조량과 용수를 공급받을 수 있었고, 리마 시장
에서 좋은 위치를 확보하여 많은 이익을 내는 행운도 있었
기 때문이다.

## 네팔—마을들의 변화

네팔에는 수도 카트만두 북서쪽으로 등성이를 따라 산
허리에 들어선 마을들이 있다. 이곳에는 티베트 인의 피와
미얀마 인의 피가 섞인 주민 타망(Tamang) 족이 살고 있는
데, 이들은 불교문화를 간직하고 있다. 1970년대와 1980년
대 초에 이들의 생활은 대부분 식량의 자급자족을 기반으로
하여 영위되었다. 특히 해발 1,200미터에서 2,400미터 사이
의 지역에서는 계단식 농업이 이루어졌다. 아래쪽 경지는
계절풍의 영향을 받는 기간에 관개용수를 공급받아 벼농사
에 이용했고, 중간에 위치한 경지에서는 옥수수와 왕바랭이
가 경작되었다. 한편, 윗쪽 경지에는 보리와 감자 따위의 겨
울 작물들을 심었는데, 사실 이 농사는 소와 야크를 키우는
목축이 함께 행해지는 덕분에 가능해진 것이다. 가축들이
건기(乾期)에 들판을 비옥하게 만들어주기 때문에, 고지대임

에도 어느 정도 농사를 지을 수 있었던 것이다. 가축들은 인접한 숲에서 운반해온 마른 잎들을 먹고 자랐다. 그러다보니 해발 2,200미터 이하 지역의 숲은 지나치게 이용되어 황폐해졌다. 특히 우기(雨期)에 자라는 숲은 아예 방목에 이용되어 그 피해가 가중되었다.

각종 축제나 혼례, 장례, 가사 및 자녀교육 등에 필요한 돈은 외지에 나가 한시적 노동으로 버는 수입에 의존했다. 때로는 마을에서 아주 멀리 떨어진 곳까지 가서 일하는 경우도 있었다. 스리랑카나 인도 북동부 아샘 지방의 차(茶) 수확 일과 톱질, 인도 전역의 도로공사 인부, 마을에서 1,500킬로미터 떨어진 해발 3,700미터의 라다크에서 들판의 돌을 고르는 일 등이 그런 임시 일거리였다. 그 밖에 국왕의 군대에서 '구르카'(gurkha) 즉 군인으로 일하기도 했다. 이 네팔 국왕의 군대는 자국 사관생도들을 홍콩 방위군이나 인도군에 파견근무를 보내기도 했는데, 인도를 방어하기 위해 파견된 네팔 병사들은 주로 파키스탄과의 접경에 위치하는 카라코룸의 고산지대에서 인도군과 함께 근무했다. 그런 의미에서 네팔의 주민들은 비록 전세계를 향해서는 아니더라도 적어도 지역이 구성하는 넓은 공간을 향해 개방되어 있었던 셈이다.

이처럼 준(準)대륙으로서 인도가 구성하는 공간은, 적어도 1980년대까지는 네팔의 산악지대에서 내려오는 일시적 이민자들, 금세 바닥날 적은 금액만을 지니고 들어오는 그 가난한 네팔 인들에게 문을 열어놓고 있었다. 일부 젊은이 들은 사냥에 매력을 느껴 산속을 헤매면서 사향노루를 쫓기 도 했다. 사향노루의 체액은 중국상인들에게, 심지어 게를랭 (프랑스의 향수 제품명—옮긴이) 향수업자에게까지 비싼 가격 으로 팔리기 때문이었다. 또 다른 젊은이들은 계절풍이 부 는 기간에 라리의 구리 광산에서 일하기도 했다. 그들은 해 발 5,000미터가 넘는 이 광산에서 일을 마치면, 광석 자루 몇 개를 짊어지고 날림으로 급조한 도로를 따라 트리술리로 다시 내려오곤 했다. 이렇게 해서 번 돈은 멋진 결혼식을 치 르거나 고인이 된 가까운 사람을 기리기 위해 대대적인 의 식을 행하는 데 사용되었다. 후자의 경우, 사망한 지 1년이 지난 후에야 비로소 격식을 갖춘 의식이 행해지는 셈이었다. 요컨대 네팔의 산간지대 주민들은 가난한 삶을 살고 있었으 며, 때로는 극도의 궁핍 속에서 기아에 허덕일 때도 있었다.

'판차야트'(panchayat)라 불리는 주민들의 '공동체'는 진 정한 합의 속에 집단생활의 질서를 훌륭히 지켜나갔다. 어 쨌든 그것이 공식적인 방침이었다. 그리하여 자기 나라의 역사에 대해 어느 정도 지식이 있는 유럽인들이라면 네팔의 산간지대에서 과거 알프스 산간지방의 삶을 재발견할 수 있

었다. 적어도 19세기 중반까지는 유지되던 유럽 산간지방의
삶을 네팔의 오지에서 기쁜 마음으로 다시 찾았던 것이다.
그러한 삶이 요구하던 고된 일과 따위는 까맣게 잊은 채 말
이다. 게다가 그리 멀지 않은 곳에 실제로 스위스와의 기술
협력 사업이 한창 진행되기도 했었다. 랑탕 지방에는 야크
젖으로 치즈를 생산하는 유가공 공장이 설립되었고, 마치
윌리엄 텔 시절의 스위스를 재현하는 듯한 분위기 속에서
작업이 이루어지고 있었다. 그곳에서는 심지어 활과 화살까
지 현장에 동원되어 이같은 서툰 역사의 재현 작업에 맞장
구를 쳤다!

  지금은 20세기를 마감하는 시기이다. 블랑딘 리페르
(Blandine Ripert)도 지적했듯이, 이제 네팔 마을의 나무지붕
은 망치질을 한 양철지붕으로 바뀌었다. 삼림보호 차원에서
어쩔 수 없는 일이었다. 양철은 이웃 인도에서 수입한 것으
로, 트리슐리의 시장에서 판매되고 있다. 주민들의 식량 사
정도 개선되었다. 허기진 배를 걱정하는 일이 적어진 것이
다. 지금은 계절풍이 부는 시기가 되면 고지에서도 자라는
붉은 쌀을 경작하고 있으며, 그리하여 가장 고도가 높은 계
단식 경지에서 짓던 보리 농사와 감자 농사가 쌀 농사로 일
부 대체되었다. 화학비료의 사용으로 인해 1년에 두 차례
수확하는 이모작이 가능하게 되고, 따라서 토지생산성도 높

아지고 있다. 동시에 퇴비 생산을 위해 가축을 길러야 하는 부담도 줄어들어, 삼림의 식물군이 파괴되는 사례를 줄일 수 있게 되었다. 덕분에 삼림의 황폐화는 실제로 중단되었다. 말하자면 '작은' 녹색혁명이 실현된 것이다. 하지만 마을 주민들 사이에는 빈부의 격차가 생기고 있다. 어떤 사람들은 약간의 돈을 가지고 있어서 비료를 사들이고 더 많은 농산물을 생산할 수 있지만, 다른 사람들은 비료를 살 돈이 없어 경작지의 수익성을 높이지 못할뿐더러 오히려 수익성이 떨어지는 경우도 있게 된다. 가난한 주민들은 점점 더 가난해질 수밖에 없고, 어쩌면 절대적 빈곤에 허덕이게 될 수도 있는 것이다. 이제는 모든 것이 돈으로 계산되지만, 돈은 여전히 귀해서 구하기가 어렵다. 여자들은 관광객이 트레킹을 즐길 수 있도록 그들을 위해 일하면서 품삯을 벌 수 있다. 그리하여 이제는 시간당 받는 품삯이 어느 수준인지를 정확하게 판단할 수 있게 되었다. 반나절 동안 가축의 사료로 사용할 나뭇잎들을 모아 나르는 것보다 관광객을 위해 일하는 편이 훨씬 수입이 좋다는 사실을 깨닫게 되면서 전통적인 삶이 무의미해졌다.

그런데 지금은 외부에서 돈을 벌어들여야 할 필요성이 그 어느 때보다도 절실해졌다. 점점 더 많은 물품을 시장에서 사야 하기 때문이다. 지붕에 얹기 위해 양철통에 든 비료

를 사야 하고 농기구도 구입해야 한다. 예전에는 농기구들
을 '카미'(Kami)라 불리는 힌두교의 대장장이들이 만들었지
만, 이제는 시장에서 구할 수 있다. 그러다보니 '카미'들은
일거리를 잃어버렸다. 또한, 갈수록 비용이 더 들어가는 각
종 의식과 축연을 베푸는 일에도 돈은 반드시 있어야 하며,
일거리를 찾아 길을 떠나기 위해서도 돈은 필수적인 것이다.
그런데도 돈벌이는 점점 더 어려워지기만 한다. 카트만두에
서는 날이 갈수록 일자리가 귀해지고 있다. 체면을 가리지
않고 매춘에 뛰어드는 일부 소녀들을 제외하면 말이다. 수
도는 지방에서 밀려드는 인구로 넘쳐나지만, 그 사람들 모
두에게 일자리를 제공하기에는 역부족이다. 카트만두는 히
말라야 왕국에서 제일가는 도시이지만, 저개발로 인한 갖가
지 현상이 나타나고 있다. 그래서 인도의 중간 수준의 도시
밖에 안되는 가난한 도시로 전락한 형편이다. 또 사향노루
사냥도 그다지 관심을 끌지 못하게 되었다. 인공적으로 합
성된 사향이 등장하고, 티베트산 사향노루에서 채취한 사향
이 야생 사향노루에서 추출되는 사향을 대신하게 되었기 때
문이다. 네팔의 테라이 지방은 점점 더 인구밀도가 높아지
고 있는데, 특히 사람들이 넘쳐나는 인도의 비하르나 우타
르 프라데시에서 인도인들이 들어오기 때문에 더욱 그러하
다.* 인도는 주변 국가들로부터 이주해오는 사람들을 받아

들이지 않고 있다. 스리랑카도 입국하려는 외국인들에게 여권을 요구하고 있으며, 게다가 타미르 반군과 분쟁을 겪고 있기까지 하다. 인도군과 영국군은 이제 왕실 근위대인 '구르카'를 모집하는 일이 거의 없으며, 인도 대륙은 네팔 왕국 국민들에게는 접근하기 어려운 땅이 되고 있다. 그러므로 인도를 지나 더욱 먼 곳, 즉 페르시아 만 주변의 나라들로 가야 한다. 그래서 가난한 네팔인들은 비행기 표를 구입하는 데 큰 돈을 쓴다. 그러나 막상 일자리를 얻는 것은 비상한 기술이 있지 않고서는 불가능하다. 네팔인들은 이슬람교도도 아니고 아랍어를 할 줄도 모르기 때문이다. 결국 그들이 구할 수 있는 일거리는 다른 사람들이 모두 외면하는 형편없는 것들뿐이다. 가장 비위생적인 작업환경에서 아주 보잘것없는 임금을 받고 일할 수 밖에 없으며, 그렇게 벌어들인 적은 금액마저도 대개는 항공료를 지불하기 위해 얻은 빚을 갚는 데 다 들어가고 만다. 한편으로는 태국에 들어가 소위 황금의 삼각지대에서 생산되는 마약을 유통시키려는 마약밀매업자들에게 고용되어, 그들의 짐꾼 노릇을 하면서 돈을 버는 방법도 있다. 그럴 경우 돈은 조금 벌 수 있지만,

---

* 테라이 지방은 네팔에서 인도 비하르 주(州) 북부에 위치하는 충적평원에 자리잡고 있다. 비하르와 우타르 프라데시는 모두 인도 북부에 위치하는 주로서 네팔과 국경을 접하고 있다.

종신형을 선고받거나 심지어 사형에 처해지는 위험까지도
감수해야 한다.

　이상에서 본 것처럼 네팔의 마을 주민들은 과거보다 나
은―어쨌든 적어도 과거보다 덜 나쁜 것만은 분명한―식생
활을 영위하고 있다. 그들에게 돈은 갈수록 더 필요한 물건
이 되고 있고 매사에 돈 얘기가 빠지는 법이 없지만, 그토록
중요한 돈을 벌기란 무척 어렵다. 재화와 서비스의 교역이
라는 점에서 경제는 점점 더 세계화를 향해 개방되고 있는
데도 인도계 사회는 그들에게 점점 문을 굳게 걸어잠그고
있으며, 그 폐쇄성으로 인한 효과도 점점 더 피부에 와닿고
있다. 라리의 광산은 폐쇄되었다. 그곳에서 채굴되는 구리를
사들이던 인도인들의 관심이 다른 곳으로 돌려졌기 때문이
다. 그들은 이제 라리의 구리보다 세계시장의 구리에 더 관
심을 갖고 그것을 구입하고 있다.

　가난한 사람들이 일자리를 찾아 이 지역 저 지역으로 옮
겨다니는 데에도 더 많은 제약이 따르게 되었다. 국경을 접
하고 있는 이웃나라 주민들에게 입국을 허가하지 않는 나라
들 때문이다.

　네팔의 산간마을에는 그 밖에 다른 변화도 일어나고 있
다. 역시 돈과 관련된 변화부터 살펴보자. 불교의 라마승들
은 종교의식을 주관하며 신도들에게 점점 더 많은 돈을 요

구하게 되었다. 그들은 더 이상 현물 공양으로 만족하지 않
게 된 것이다. 1991년 네팔에는 '제도의 혁명'이 선포되었
다. 그것은 선거와 정당에 기초하는 '민주주의'를 의미하는
말로서, '판차야트'의 종말을 뜻하는 것이다. 왕국 내에서
종교의식의 자유가 선포되고 비슈누 왕가의 마지막 자손인
국왕이 입헌군주가 되었다. 이미 성(聖) 프란치스코 사비에
르(Saint Francisco Xavier) 시대부터 선교활동을 전개해온 예
수회로부터 상대적으로 역사가 짧은 개신교의 각종 교파들
에 이르기까지, 선교 기회를 엿보고 있던 그리스도교 교회
들이 그 틈을 타서 재빨리 네팔 국내로 들어왔다. 그리고 좀
더 단순하고 비용도 적게 들면서 라마승들이 제공하는 것만
큼 효력이 있는 종교의식을 주민들에게 베풀었다. 주민들은
매우 다양하고 혼합된 형태로 그리스도교를 받아들였고, 이
러한 개종 움직임은 대단히 빠른 속도로 불교 국가인 네팔
전역으로 번져나갔다. 아직도 그리스도교의 확산에 저항하
는 일부 고립된 지역이 전통을 지키고 있지만, 그들이 얼마
나 오랫동안 버틸 수 있을지는 알 수 없다. 기도문이 적힌
깃발들은 언제나처럼 '곰파스'(ghompas)* 곁에서 바람 부는

---

* 곰파스란 기도문을 새겨 넣은 일종의 성물(聖物)로, 벽 앞에 세워놓
고 돌려가며 볼 수 있도록 만들어져 있다. 주로 불교나 라마교에서 사
용된다.

대로 펄럭이고 있지만, 그 기도문은 네팔어로 씌어진 성경 구절이다. 게다가 어떤 곰파스는 십자가로 장식되어 있기까지 하지 않은가! 이제 네팔에는 가는 곳마다 교회가 있고 성당이 있다. 때로는 한 마을에 서로 다른 수십 가지 교파와 종교적 집단들이 함께 자리잡고 있기도 하다. 이런 현상은 자연히 가족생활에 여러 가지 복잡한 문제들을 야기한다. 그리하여 결혼이라든가 그 밖의 사회생활의 '기본 구조'가 수행하는 기능을 온통 혼란에 빠뜨리고 있다.

주민들이 그리스도교 신도가 되는 이유 가운데 하나는 그리스도교인을 보는 그들의 시각에 기인한다. 네팔인들은 일반적으로 그리스도교인들을 세상살이에 성공한 사람들이라고 믿는다. 네팔의 농민들은 이렇게 말한다. "일본인들과 미국인들을 보라. 그들은 그리스도교인이고 또 성공한 사람들이 아닌가." 그래서 그리스도교인들의 공동체에 동참하고 그들의 믿음을 함께 나누는 것이다. 그렇게 함으로써 그들의 '세계', 즉 성공의 세계에 가까이 갈 수 있을 것이라고 생각한다. 라디오나 텔레비전에 늘 등장하는 세계의 주요국가들처럼 지금은 네팔 정부도 선거제도를 실시하고 있다. 그에 따라 마을 주민들 사이에는 정당과 관련된 정치적 분열이 생겨나고 있다. 마을 공동체의 기반이었던 진정한 합의는 이제 사라졌다. 그래서 블랑딘 리페르의 가설에 따르면,

우리는 문화적으로 불교권인 이 사회에서 '근대성'의 형태
인 개인주의가 싹트는 것을 목도하고 있는지도 모른다.

　네팔 마을의 사례를 보면 세계화가 '그림자와 더불어'
진행되고 있다. 이곳의 세계화 과정에는 삶의 온갖 근본적
요소들이 개입하여 서로 교차하고 있으며, 그에 따른 여파
나 반향으로 세계화는 어두운 일면을 갖게 된 것이다. 우선
모든 것이 '상품화'되는 경제가 들어서면서 과거의 현물경
제는 도태되었다. 화폐가 매우 귀한데다 그나마 외지에서
벌어온 것이었고, 마을 안에서는 그동안 화폐를 사용하지
않고도 각종 거래와 서비스 제공이 이루어지던 경제가 사라
져가고 있는 것이다. 또한 인도와 주변국의 국경이 닫혀 '인
도계 사회'의 폐쇄성이 심화되고 있다. 부탄과 스리랑카도
인도처럼 네팔인들의 출입을 거부하고 있기 때문이다. 그러
므로 일자리를 구하기 위해서는 아주 멀리까지 가야 한다.
한편, 네팔어는 소위 '대중화'가 이루어져 선교활동이나 정
치토론도 모두 네팔어로 이루어지고 있다. 지방간에도 과거
의 폐쇄성이 무너지고 있다. 이제 '마을 공동체'는 기능적이
고 사회적인 단일체로서의 성격을 크게 상실한 것이다. 그
러나 또 한편으로는 '2차 지대의 녹색혁명'이 실현되어 토
지생산성이 개선될 수 있었다. 그 덕분에 수확 직전의 궁핍
한 시기에도 굶주리지 않게 되었다. 지역에 따라서는 지나

215

치게 인구밀도가 높아져 그에 대처해야 할 필요성도 생겼으며, 출생률을 보다 효과적으로 통제할 수 있게 됨에 따라 이러한 인구성장도 둔화되는 추세에 있다. 전문가들이 진단했던 삼림 파괴는 극히 다행스럽게도 더 이상 진행되지 않고 있다. 결론적으로, 네팔의 촌락에서 읽을 수 있는 세계화는 매우 **빠른** 속도로 바뀌는 그림에 비유할 수 있을 것이다. 흐릿하게 채색된 그 그림의 풍경 속에는 빛과 그림자가 공존하고 있다.

## 이슬람 국가들—새로운 정체성, 새로운 공간

라베르뉴(M. Lavergne)가 지적한 이슬람 세계의 실상을 보자. "과거의 아랍 세계는 도시지역들이 군도(群島)를 이루는 한편, 그와 분리되어 고유의 생활 리듬을 가진 농촌지대가 펼쳐지는 모습을 보여주고 있었다. 그러나 오늘날에는 각종 연결망이 건설됨에 따라 외부의 자극을 받으면서 영토와 정체성을 재구성하려는 움직임이 폭풍처럼 일어나 그 속에 온통 휘말려들어가 있다. 아랍 세계에서 정치적·경제적·사회적 인자들이 구성하는 공간은 유동적인 특성을 가지고 변화를 거듭하고 있다. 그리고 그 공간들은 아랍 지역 안팎에 존재하는 행정적·정치적인 경계선들을 철저하게 무너뜨

리면서 새로운 경계를 탄생시킨다."

사실 거의 대부분의 아랍 국가들이 1980년대를 지나면서 재정적 어려움에 봉착하게 되었고, 그에 따라 경제적 지원(공공사업, 보호무역)과 사회적 기반(국민건강, 교육)을 조성한다는 국가정책을 포기했다. 그 결과 도처에서 빈곤과 배타성이 활개치기 시작했고, 무능한 국가와 그 영토를 관할하는 행정관서들을 거부하는 현상이 나타나게 되었다. 사실 지금까지 행정관서들은 각종 사회운동을 제대로 보호하지 못했고, 국민들을 결속시키는 기능을 하는 소득의 재분배마저 체계적으로 추진하지 못했던 것이다. 그리하여 국가가 아닌 새로운 주역들이 여기저기서 강력한 힘을 얻게 되었고, 그 주역들은 국경을 비롯한 기존의 행정경계선들과는 전혀 무관하게 새로운 공간을 형성하게 되었다. 물론 여기서 새로운 공간이란 새로운 관할권을 의미하는 것이다. 그리하여 새로운 공간은 국가권력이 축소되면서 주인이 없어진 '권력 부재의 땅'을 점유해나가고 있다.

아랍 세계에는 무능한 국가권력을 대신해서 독자적으로 성장전략을 짜고 실천하는 사업가들이 있다. 그들은 대개 해외에서 되돌아오는 사람들인 경우가 많다. 민족의 이산을 겪으며 외국으로 이주했다가 사업에 성공한 사람들이다. 이와 반대로 과거에 열성적으로 활동했던 관료 출신들은 궁핍

한 생활을 피할 수 없게 되었으며, 그 궁핍에서 벗어나보려
고 자신들이 유지해온 대인관계를 자산으로 개인사업에 뛰
어들고 있다. 모로코의 리프 산맥지방에 위치한 나도르의
예를 들어보자.* 이곳의 산업활동은 해외이민자들의 귀국으
로 인한 활력에 기반을 두고 있다. 그들은 외국에서의 습관
과 생활양식을 함께 가지고 들어와 이곳의 사회와 경제를
변화시키는 데 중요한 역할을 하고 있다. 그들이 해외에서
가졌던 친분과 기반도 역시 계속 유지되고 있다. 그런 의미
에서 지방공간이 확대되면서 둘 이상의 국가를 포함하는 지
역의 연결망을 형성했다고 볼 수 있다. 그 가운데서도 특히
지중해를 사이에 두고 남쪽 지방과 북쪽 지방을 오가며 형
성된 연결망이 두드러진다.

　도처에서 여성들이 심한 규제하의 정치생활의 테두리
밖에서 결성하는 단체들이 등장하고, 회교사원을 중심으로
이슬람주의자들의 집단도 조직되고 있다. 이같은 집단과 단
체들은 대도시 주변에 형성되는 '자연발생적' 구역이나 혼
란에 빠진 알제, 카이로 또는 베이루트의 아랍인 거주지역
에서 새로운 연대의식을 창출하고 있다. 이슬람교에 바탕을

* 리프 산맥은 모로코 북동지방에 위치하며 지브롤터 해협에서 지중해
　를 따라 뻗어 있다. 작은 산맥이지만 그 주변지방은 외세의 침략에 강
　력히 반발하여 투쟁을 벌인 역사를 가지고 있으며, 나도르는 지중해
　안에 위치한 이 지역의 중심도시 가운데 하나이다.

7 세계화의 사례 연구

둔 것이든, 아니면 모든 종교적 요소를 가장 철저하게 배제
하여 새로이 도래하는 민주주의를 증언하는 것이든 간에,
유대감으로 단결된 그러한 집단적인 삶은 다양한 형태로 표
출되며 농촌지역까지도 그 영향을 받고 있다. 특히 대도시
권 인근의 농촌이 먼저 영향을 받게 된다. 대도시 근교의 농
촌에는 돌아온 이민자들과 도시에서 일하는 노동자들이 집
중되어 살고 있다. 실제로 농업에 종사하는 인구는 소수에
불과한데, 가까운 도시에 가금류나 그 알, 채소, 과일 등을
공급하는 일을 전문적으로 하고 있다. 이처럼 다양한 직종
에서 일하는 이 지역 주민들은 역동적인 인구를 구성하고
있다. 그들은 인종이나 종교, 거주구역 등을 구심점으로 하
여 새로운 연대의식을 키우고, 그것을 토대로 각종 단체들
을 결성한다. 이전과는 다른 변화된 모습을 보여주는 새로
운 공간을 구성하고, 그 내부에서 새롭게 주민으로서의 삶
을 조직한다. 그리하여 마침내 소단위 지역 차원에서 공간
의 재구성을 실현하는 것이다. 재구성된 공간에는 아파트와
같은 집단적 주거건물이 들어서는 신(新)구역들이 있다. 대
체로 신구역은 한편으로 성공한 사람들을 위해 마련된 고급
주택지구와 이웃하고, 또 한편으로 가난한 사람들이 직접
자기 손으로 건설한 불량주택지구와 맞닿아 있다.

　　이처럼 아랍 사회에도 역시 많은 변화가 일어나고 있으

며, 그 변화들은 한결같이 다양한 집단들-사업가 집단에서
부터 여성단체들에 이르기까지-이 세력을 얻으며 성장하
고 있음을 보여준다. 물론 그것은 국가권력의 개입이 축소
되고 있다는 사실과도 무관하지 않다. 이제 국가는 단순히
치안을 책임지는 경찰의 기능으로서나 존재할 뿐이다. 긴장
을 늦추지 않는 경찰 기능만은 아직 건재하는 것이다.

## 재구성의 보편화

이상에서 몇몇 사례들을 살펴본 것은 무엇보다도 세계
도처에서 영향을 미치고 있는 세계화의 진상을 구석구석 남
김없이 밝히기 위해서이다. 세계화는 점차 파급되면서, 또
연쇄적인 부수효과를 통해 영향력을 행사하고 있다. 그리하
여 지방 단위에서는 더욱 심각한 공간적 격차를 낳고 경제
적 불평등을 심화시키는 데 일조한다. 때로는 예기치 않게
같은 장소에서 성격이 다른 공간들을 연결시키기도 한다.
구체적인 사례들은 또한 다양한 사회와 그 사회에서 뛰어난
기회포착 능력을 발휘하는 엘리트의 모습도 보여준다. 예컨
대, 모리셔스 섬에서 볼 수 있는 인종적·역사적 다양성은
'자치지역주의'가 생겨난 배경이자 부(富)를 실현하는 원천
이 되고 있다. 고산국인 네팔은 전통적으로 주민들이 불교

를 믿어왔지만, 정치적 자유화에 따라 온갖 교파의 그리스도교가 들어와 전파될 수 있었다. 이 종교의 전파는 세상에서 성공을 거둔 사람들이 믿는 종교가 곧 그리스도교라는 인식 때문에, 그리고 종교적 행위가 상품화되는 시기에 값싸고 효과적인 종교로 간주됨으로써 더욱 급속히 추진되었다. 그런데 여기서 볼 수 있는 그리스도교의 비용절감 효과는 사실 전혀 새로운 현상은 아닐 것이다. 루터도 면죄부의 판매에 반대하여 투쟁을 벌인 적이 있으니까 말이다. 문제는, 네팔 주민들에게 세계화란 일자리를 구할 수 있는 지역에 접근하는 길이 막히게 되었음을 의미하기도 한다는 사실이다. 다시 말하면, 인도 대륙의 과잉인구로 인해 지금까지 계절적 이동으로 그곳에서 구해온 일자리를 더 이상 얻기 힘들게 된 것이다. 따라서 그들에게 세계화란 더 먼 곳에서 확실한 보장도 없고 불법의 의혹조차 있는 보잘것없는 일자리를 찾아야 한다는 의미이기도 한 셈이다. 마약이나 매춘이 밀거래되는 지역이나 페르시아 만 연안국가들이 제공하는 가장 비위생적인 작업장에까지 찾아가야 한다는 말이다.

세계화가 언제나 개방만을 뜻하는 것은 아니다. '세계의 모든 가난'이 상대적으로 부유하다거나 특권을 누리고 있다고 여겨지는 나라로 쏟아져 들어오는 것을 막기 위해 국경을 봉쇄하는 경우도 있기 때문이다. 농업 분야의 세계화는 기아와 궁핍을 피할 수 있는 농업기술의 혁신을 뜻하며, 이러한 혁신은 새로운 농업기술을 재빨리 손에 넣을 수 있는 사람들에게 우선적으로 그 혜택을 준다. 그에 따라 경제적 격차가 상존하면서 주민생활에 영향을 미치게 된다. 한편 자유주의 경제체제하에서는 자연적 조건이 농업생산을 좌우하는 요인으로 대대적으로 강조되고 있다. 다시 말해서, 주어진 자연환경의 질에 따라 소득의 불평등이 생겨나며, 결과적으로 지역간 격차도 심화되고 있다. 물론 언제나 자연적 조건만이 가장 중요한 역할을 맡는 것은 아니다. 페루의 두 가지 사례를 돌이켜보면, 계곡 안쪽은 산비탈에 비해 농업용수를 보다 풍부하게 공급받는다는 자연적 조건과 훨씬 편리하게 도로를 이용할 수 있다는 경제적 장점을 동시에 갖추고 있는 것이다. 이 계곡 안쪽의 토지는 시장에서 가장 높은 수익을 올릴 수 있는 작물을 선택하여, 그 작물에 투자할 수 있는 자금력을 갖춘 농민이나 도시의 부르주아지들이 소유하고 있다. 그와 반대로, 산비탈의 토지에서는 농민들이 오래 전부터 계단식 농업을 영위해왔다. 자기 힘으로 생존 문제를 해결해야 하는 폐쇄적인 체제하에서는 계단식 경작으로 다각화된 영농을 할 수 있었고, 따라서 좀더 안전하게 식량을 확보할 수 있었다. 자급자족 경제를 위주로 하는 경제정책과 국토개발을 유도하는 개발정책을 실시하

던 무렵에는 기술적 지원과 보조가 있어서 수익성을 개선할
수 있었다. 그러나 그 후 이러한 지원들이 축소됨에 따라 품
질이 형편없는 농산물이 생산되었고, 이전보다 나은 상품을
공급받게 된 지방의 시장에서는 이제 잘 팔리지 않는 상품
이 될 수밖에 없었다. 결국 과거의 농업생산체계를 와해시
키는 악순환이 되풀이되게 되었다. 위의 두 사례를 비교해
볼 때, 지방 차원에서 국가의 개입이 축소되고 오로지 시장
경제만이 지배하게 되면 입지조건이 뛰어난 곳에서 집약적
으로 경영되는 농업이 훨씬 효율성이 높다는 사실이 다시
한번 확인된다. 그리고 광대한 면적에 걸쳐 있으나 도로교
통의 이용이 불편하고 생산적인 투자가 이루어지지 않는 지
역의 농업활동은 쇠퇴의 길을 걸을 수밖에 없다는 것도 새
삼 입증될 수 있다.

  아랍 국가들의 인구 이동은 이미 오래 전부터 있어온 현
상이다. 그리고 인구의 도시집중도 갈수록 심화되고 있다.
이들 나라에서는 많은 단체들이 결성되고 있고, 빈곤 상태
나 성공한 해외이민자들의 귀국, 지역주민들의 유대감 등을
축으로 하여 지방별로 활발한 활동이 전개되고 있음을 확인
할 수 있다. 국경에 둘러싸인 사람들에게도 국경의 의미는
사라지고 있으며, 국민 통합을 주도하던 국가의 임무도 약
화되어 가고 있다. 대부분의 국가에서는 경찰국가로서의 성

격 외에는 아무 것도 남지 않게 된 것이다.

이상에서 정리해본 사례들이 입증하고 있는 것은 무엇인가? 그것은 지역에 따라 지리적 조건이나 역사적 상황이 매우 다양한 양상을 보이는 가운데서도 일련의 동일한 징조들이 어디서나 발견된다는 사실이다. 우선 지방 차원에서 발견되는 공통적인 요소부터 얘기하자. 사실 지방은 지난날 지역주민들의 사회화를 이끌던 초점이었고, 마을 공동체는 그러한 사회화가 맺은 완벽한 결실이었다. 하지만 이제는 지방이 더 이상 사회화 기능을 수행하지 못하게 되었다. 그 대신 각기 고유한 활동공간과 배후공간을 가진 집단들에게 만남의 장소, 심지어 대립의 장소로까지 이용되고 있다. 지방은 새로운 연대의식의 토대가 되고 있다. 국경을 넘어 지리적으로 연결된 지역을 형성하며 일상적 근린지역을 훌쩍 뛰어넘어 새 지평을 열고 있다. 한편, 세계 도처의 전반적인 경제성장 속에서도 소득 격차가 천차만별로 벌어지고 있다. 한편에는 상대적으로 훌륭한 교육을 받았거나 유리한 위치에 있는 사람들이 경제성장을 이용해 이익을 취하고 있다. 비록 소액이지만 축적된 자본이 있는 사람들이나 축적된 지식을 소유하고 있는 사람들, 그리고 효율적인 인간관계를 이미 확보하고 있는 사람들도 경제성장으로 이득을 보고 있다. 그 사람들은 새로운 경제체제가 들어서자 그에 잘 적응하여 자신들의 이익을 추구할 수 있었고, 또 추구할 줄 알았던 사람들이다. 그러나 그 밖의 다른 사람들은 그들이 즐기는 소비의 '향연'에서 소외되고 있다. 거의 전세계적으로 성장 촉진, 소득 재분배, 산업 보호, 생산성 등의 측면에서 국가의 기능이 축소되고 있으며, 사회적 연대를 조직하는 일도 제대로 하지 못하게 되었다. 이제 국가는 단지 국경에서는 '바람직하지 않은 인구'가 자국 영토에 들어오는 것을 막는 경찰 역할을 하며, 대내적으로는 정치적 권력을 쥐고 있는 계층에게 그 권력의 지속성을 어느 정도 보장해주는 역할을 한다. 정치적 권력에 접근하는 것은 거의 언제나 가장 손쉽고 가장 신속하게 부를 축적하는 수단이 된다. 이러한 것들이 세계화의 몇 가지 결과인데, 그것은 지방의 상황을 검토해보면 잘 알 수 있다.

# 8
## 지방에서 세계로

　세계화가 일어난다고 해서 지방, 특히 근린 지역에서 이루어져온 활동들, 예를 들면 동네 미용실이나 유치원 같은 것이 완전히 사라지지는 않는다. 지방단위의 활동들 가운데 어떤 것은 거의 아무런 영향을 미치지 않는다. 활동현장에서 직접 파악되는 영향마저도 순식간에 사라져버린다(예를 들면 굴뚝의 연기가 바로 그러하다). 하지만 지구 전체의 수준으로 합산해보면 그 활동들은 전혀 다른 현상들을 빚어내는데, 이 현상들은 원래의 미미한 움직임과는 비할 수 없는 공간적·시간적 차원에서 영향을 미치게 된다. 그러므로 지방단위에서 범지구단위에 이르기까지 여러 현상들이 마치 러시아 인형처럼 작은 것이 큰 것 속에 착착 담긴다고 생각하는 것은 대단히 잘못된 일이다. 실제로 그 현상들은 각 단위마다 본질이나 의미를 바꾸는 것은 아니더라도 가치를 변화시킨다. 그리하여 어떤 현상들은 단순히 합산되고, 어떤 현상들은 상승작용의 효과로 기하급수적으로 확산되며, 또 어떤 현상들은 소멸해버리는 것이다.

## 지방시장과 세계시장

한 가지 제품이 세계 전역을 시장으로 하여 거래되는 경우가 있는데, 이 세계시장은 수많은 국내시장과 지방시장에 대해 상대적인 독자성을 가지고 움직인다. 예컨대, 쌀의 세계시장이라는 것이 존재한다. 그것은 대단히 불완전한 시장이며, 더구나 밀이나 옥수수의 세계시장과도 성격이 다르다. 밀이나 옥수수는 대체로 '과잉상품 시장'의 성격을 띠는 세계시장을 형성하며, 국가적 차원 또는 생산지 차원에서 마땅히 형성되어야 할 가격보다 낮은 가격으로 세계시장에 출하된다. 미국이나 유럽연합의 경우에서 보듯이, 생산자에게 보조금을 지원하기 때문에 그같은 일이 가능한 것이다.

그렇다면 구체적으로 쌀의 세계시장은 어떠한지를 일본의 국내시장과 연관시켜 알아보자. 그러기 위해 우선 일본 정부가 택하는 정책을 살펴보아야 한다. 실제로 일본 영토

내에서 생산되는 쌀은 가격이 비싼데, 일본 정부는 그 비싼 가격을 그대로 유지함으로써 지방에서 쌀을 생산하는 농민들의 인기와 지지를 잃지 않으려고 애쓴다. 선거에서 그들의 표가 필요하기 때문이다. 이같은 현상은 사실 대단히 고전적인 것이다. 마찬가지로, 미국 정부가 자유주의 무역의 원칙을 내세우며 일본 정부에 대해 보호무역에 입각한 관세 장벽을 낮추도록 압력을 가하고 있지만, 그것은 사실 루이지애나에서 생산된 쌀을 일본으로 수출할 수 있는 길을 트기 위함이라는 것도 대단히 고전적인 논리이다. 정치적 상황에 기인하는 사실들 외에도 일본 정부가 염두에 두고 있는 문제가 있을 수 있다. 정치적 압력이야 어떻든, 일본 열도에서 벼농사를 짓고 쌀을 생산하는 일만은 반드시 지속되어야 한다는 고려가 바로 그것이다. 쌀의 자급자족은 오래 전부터 일본의 정치지도자들이 추구해온 목표 가운데 하나였다. 역사적으로 쌀은 일본인들에게 식량체계의 기반을 이루는 중요 작물에 속했고, 아직도 그처럼 쌀을 중시하는 사고가 일본인들의 마음 속에 남아 있기 때문이다. 쌀은 상징적인 가치를 지니고 있는 것이다. 실제로 일본에서는 상징적으로 천황이 그 해 벼농사를 시작하는 첫 파종 행사를 황궁 내에서 직접 거행한다. 그 행사에는 계절의 변화와 함께 하늘과 땅의 일치를 표현하는 행위라는 의미도 들어 있다.

한편, 수많은 지방시장이 그 나름의 성격에 따라 제각기 가격을 형성하며 유지되고 있는 경우에는 사정이 달라진다. 한 나라 안에서 자연적인 조건과 경제적인 이유로 영토가 분할되어 지역간의 장벽이 높을 때 이같은 상황이 벌어질 수 있다. 이에 관해 역시 쌀 시장을 예로 들어 살펴보자. 20세기 말의 오늘날에도 인도네시아 열도에는 단일한 쌀 시장이 존재하지 않는다. 그 대신 여러 개의 시장이 지방규모나 지역규모로 형성되어 거래의 점착성을 드러내고 있다. 이 시장들은 동시에 인도네시아 열도 내부에 지속적으로 존재하는 지역간의 단절현상도 보여주고 있다. 중국 대륙에 대해서도 인도네시아와 똑같은 지적을 할 수 있다. 중국에는 12억의 잠재적 소비자가 있지만, 소득격차와 소비수준의 차이 때문에 이들을 모두 포괄하는 '하나의' 중국 시장은 형성되어 있지 않다. 반면, 중국 내부의 지역간 연계가 형편없는 상태이며, 그 거대한 나라를 왕래할 수 있는 도로 등의 사회간접자본시설이 제대로 건설되지 않은 탓에 여러 개의 시장이 공존하고 있다. 물론 중국이라는 나라가 워낙 광대하다는 것도 복수 시장체계를 구성하게 만드는 요인 가운데 하나이다. 또한 하천, 산맥, 사막 등 자연지형에 의한 지역 분할, 유교 전통, 자치구 내의 자급자족 경제 추구 등도 그 요인이 된다. 여기서 자치구별 자급자족 경제는 자치구 스스로 원하고 있는 경제체제이며 중국 사회의 오랜 전통이기도 하다. 최근에는 세계적 규모의 전쟁이 발발할 경우 중국이 살아남을 수 있는 비상대응책으로 다시 그 자치구별 자급자족 경제가 추진되고 있다. 중일전쟁의 교훈이 여전히 살아 있는 것이다. 보다 넓은 세계를 향해 경제적으로 개방되기를 바라는 오늘날의 중국으로서는 그와 같은 자연적 제약과 문화적 유산이 극복하기 힘든 걸림돌이 되고 있다.

## 범지구화를 이룬 시장의 한계

국제연합 식량농업기구(FAO)는 본연의 임무에 충실하여 다음과 같은 문제를 제기하고 있다. 과연 지구의 토양은 21세기 중반이 되면 100억에 달할 세계 인구를 먹여 살리는 데 충분한 지력(地力)을 가지고 있을까 하는 점이다. 실은 이 문제가 바로 1996년 '모든 사람에게 양식을!'이라는 주제로 열린 국제회의의 주요 관심사였다. 21세기 중반쯤이면 인구 변화의 과도기가 끝났다고 보고, 거의 안정된 인구를 100억으로 잡은 것이다. 하지만 이 수치는 논란의 대상이 될 수 있다. 세계 도처에서 예상보다 훨씬 빠른 속도로 출산율이 감소하고 있어 그 시점의 인구를 100억보다 낮은 예측치로 수정할 필요가 있고, 인류사회의 인구증가도 좀더 완

화된 속도로 진행될 것으로 생각되기 때문이다. 그래도 대
륙별 인구증가를 감안한다면 앞으로 반 세기 동안 아프리카
의 식량생산은 4배로 늘어야 하고(300% 증가), 아시아에서
는 80%, 남아메리카에서는 60%, 북아메리카에서는 30%
늘어나야 한다는 것이 식량농업기구가 내린 평가이다. 그런
반면 유럽의 식량수요는 점차 감소할 것으로 분석되고 있다.

　이렇게 대륙별로 예측된 수치들은 상당히 일리 있어 보
이지만, 그러한 예측은 또 다른 문제를 제기한다. 세계화가
이루어지는 시대에, 그리고 단일한 세계시장이 형성되는 시
대에 지방별 또는 대륙별로 식량의 자급자족을 달성하는 것
이 과연 의미 있는 목표가 될 수 있을까? 물론 이미 잘 알려
진 것처럼 세계시장은 어떤 종류의 생산품, 특히 곡물의 경
우에는 주도적인 역할을 하지 못하고 단지 조정기능만을 담
당하고 있다. 조정기능에는 과잉생산에 대처하는 기능과, 기
후변동(러시아나 중국에 닥친 가뭄)이나 정치적 선택(예를 들
어 1995년 유럽 각국은 과잉생산을 피하기 위해 생산량을 축소
하는 정책을 취했는데, 당시는 사실 세계의 식량보유고가 최저
치를 기록하던 때였다)에 따라 야기되는 생산량 감소에 대처
하는 기능이 포함된다. 하지만 세계시장은 조정기능만 하는
것이 아니다. 일본의 육류와 유제품 부족현상에서 보이듯이,
소비행태의 변화에 따라 새로 발생하는 식량결핍 문제를 해

결하는 기능도 한다. 더구나 세계시장에서 상품거래는 상이한 기후지역 사이에서 이루어지는 교역과도 깊은 관련이 있다. 카카오, 커피, 바나나 같은 '열대' 농산물은 특히 중위도권에 살고 있는 소비자들에게 팔려나간다. 더구나 이같은 유형의 무역은 17~18세기에 '세계-경제'가 구축된 기반 가운데 하나였다. 그 후 지금까지 적어도 경제적으로 여유있는 소비자들은 제철이 아니면서도 '신선한' 농산품을 점점 더 많이 공급받고 있다. 그들은 생산지 시장과는 멀리 떨어져 다른 상권에 포함된 지역에서 살면서도 그처럼 좋은 상품을 구입할 수 있는 것이다. 예를 들어 북반구의 겨울 동안 북반구 시장에서는 칠레에서 생산된 과일이 팔리고, 말리에서 생산된 연두색 강낭콩도 겨울철에 유럽 시장에서 팔리고 있다. 세계의 식량은 생산지 상호간의 보완성 덕분에 다양한 거래가 이루어지고 있는 것이다.

21세기 중반이면 100억이 될 세계 인구의 식량을 걱정하는 식량농업기구가 제기하는 문제는 실제로 두 가지이다. 첫째는 필요한 식량증산을 감당해야 하는 지구 전체의 지력에 관한 문제이다. 둘째는 생산된 식량을 국가별, 대륙별로 부양인구에 따라 적절하게 분배하는 일과 관련한 문제이다. 각종 상품시장, 특히 농산물 시장에서 완전한 세계화가 구현된다는 것은 그다지 가능한 일로 여겨지지 않기 때문이다.

첫번째 문제는 장기간에 걸쳐 100억 인구를 부양할 능력을 지구가 갖추고 있는가 하는 것이다. 그런데 '부양력'이라는 개념이 얼마나 애매모호하고 제한된 사고를 내포하는지는 이미 잘 알려져 있다. 일정한 지역에서 일정한 특성들을 갖추고 있는 일정한 면적의 토지는 생산체계에 따라, 또 추구하는 목표에 부응하여 사용되는 기술에 따라 그 수익성이 크게 달라질 수 있다. 19세기 초 맬더스가 분석했던 시대, 즉 인류 역사에서 오래도록 지속되었던 과거의 그 완만한 시대는 이제 지나간 것이다. 그 시대에는 사실 생산체계가 극히 느린 속도로 변화하고 있었기 때문에, 세계 전체를 총괄적으로 볼 때도 어디서나 비교적 동질적인 토지수익성이 유지되고 있었다. 지역에 따라 농촌사회의 모습은 달랐지만, 농업기술체계는 대동소이했던 것이다. 하지만 그 후 세상은 놀랄 만큼 많이 변했고, 맬더스는 운나쁘게도 대대적인 기술혁명이 시작되던 바로 그 시기에 분석작업을 하고 있었으므로, 결과적으로 그가 내세운 이론적 모델은 현실에 부적합한 것이 되고 말았다.

20세기가 끝나가는 이 시점에서 우리는 우크라이나와 중부 러시아를 가로지르는 '흑토대'가 곡물생산에서 심각한 위기를 맞고 있다는 사실을 분명히 관찰할 수 있다. 그러한 위기를 초래한 원인으로는 먼저 구소련의 농업이 안고 있던 구조적 어려움을 들 수 있고, 다음으로 변화에 적응해가야 하는 과도기적 시기를 아직 벗어나지 못하고 있다는 사실을 들 수 있다. 하지만 그 땅은 실제로 생산성이 매우 높은 농업체계를 뒷받침할 만한 능력이 있으며, 그리하여 수익성을 몇 배로 늘릴 수 있는 잠재력을 갖고 있다. 한편 아르헨티나도 미국과 마찬가지로, 필요하다면 언제든지 농업생산을 집약적인 체계로 전환시킬 수 있는 나라이다. 1960~1990년 유럽의 농업이 영향력을 확대한 사례에서 볼 수 있듯이, 유럽 지역에서도 수익성을 높일 수 있는 가능성이 있다. 마지막으로, 아시아의 삼각주 지역에서도 공식적이든 비공식적이든 '녹색혁명'을 이룩함으로써 2~3배씩 늘어나는 인구밀도에 대응할 수 있었고, 식량을 더욱 안정적으로 확보할 수 있었다. 그리고 20세기 후반에 가능했던 일은 아마도 그 방식이야 달라지겠지만 21세기 전반에도 계속될 수 있을 것이다. 지구는 실제로 20세기 말의 세계 인구보다 2배나 더 많은 인구를 부양할 수 있지만, 그에 따른 식량증산은 공간적·기술적으로, 그리고 자연환경 면에서 커다란 변화를 초래하게 될 것이다. 이는 인류의 경제적·사회적 선택이 가져올 결과이다.

각종 식료품의 교역을 담당하는 진정한 세계시장을 형성하여 가장 가난한 사람들도 그 시장을 이용할 수 있도록

해야 하지 않을까? 식량확보는 말할 것도 없이 가장 기본적
인 인간의 권리 가운데 하나이다. 그렇기 때문에 제기되는
문제가 있는데, 그것이 바로 세계 인구는 누구나 다 소비자
로서 지불능력을 가져야 한다는 점이다. 그러니까 세계 인
구를 장기간에 걸쳐 언제까지나 '의존적인 보호대상자'로
만들어서는 안된다는 얘기이다. 다른 말로 표현하면, 식량이
무기화되어 몇몇 강대국이나 권력자의 손에 넘어가지 않도
록, 그리하여 상대적으로 약소한 나라에 대한 압력수단으로
사용되지 않도록 막아야 한다는 것이다. 또 한 가지 잊어서
는 안될 것은 세계시장이 농촌인구에게는 유해한 영향을 미
칠 수 있으며, 더구나 농촌인구는 그에 맞설 만한 방편을 제
대로 갖추지 못하고 있다는 점이다. 앞으로 그 부정적인 영
향은 점점 더 크게 늘어날 것이고, 따라서 그렇지 않아도 많
이 취약해진 농촌 사회는 그만 결정적으로 와해되어버릴 위
험도 안고 있다. 그렇게 된다면 반드시 식량생산의 방식에
관한 문제도 진지하게 고려하게 될 것이다. 실제로 농산물
생산에 종사하는 사기업(私企業)들이 주식시장의 곡물 선물
거래를 겨냥하여 곡물의 대량생산에 돌입하는 경우를 충분
히 상상할 수 있다. 어쩌면 그 사기업들이 식품산업에 주력
하는 대기업의 계열사일 수도 있을 것이다. 그리고 곡물 선
물시장은 물론 대기업이나 대규모 중개인들의 활동에 의해

운영되는 것이다. 또한, 농업 분야의 사기업들이 다른 산업
활동에서와 마찬가지로 남아메리카나 러시아 영토 내에 입
지를 정하는 경우도 얼마든지 상상해볼 수 있다. 하지만 그
러한 상상들은 사실 그리 혁신적인 내용을 담고 있는 것도
아닐 것 같다. 왜냐하면 이미 오래 전부터 대규모 열대 플랜
테이션 농장들이 그 실제적인 사례가 되어왔기 때문이다.

　이처럼 지구 전체를 두고 본다면 100억 인구를 먹여 살
릴 식량을 생산하는 일은 어느 정도 실현 가능한 물리적 목
표라고 생각할 수 있다. 아직까지 이용되지 않은 변두리 땅
들을 개간할 수 있고, 기존의 생산체계도 더욱 집약적으로
개선할 수 있기 때문이다. 그러나 사회적·경제적 난제들은
여전히 극복해야 할 장애물로 남아 있다. 그 문제는 지방-국
가-지역의 삼박자가 유연하게 연결되는 범위 내에서만 극복
가능하다. 물론 그 삼박자의 연결에서 요구되는 절충과 교
섭도 함께 풀어나간다는 전제 위에서 말이다.

　앞에서 언급한 식량농업기구의 예측과 제안은 대륙별
식량증산에 토대를 두고 있으며, 대륙별 식량증산은 또 대
륙별 인구증가와 그에 따른 식량수요의 증가에 따라 요구되
는 것이다. 말하자면 각 대륙별로 상이한 문제를 제기하고
있으며, 그 해결책도 대륙에 따라 차이가 있다. 그래서 아프
리카, 아메리카, 아시아는 현재 안고 있는 문제나 그 해결책

에서 동일하지 않은 성격을 갖는 것이다. 아메리카 대륙에서는 남·북 어디에서나 향후 어떤 어려움도 점쳐지지 않는다. 반대로 아시아에 대해서는 새로운 조정과 발전이 요구되고 있다. 1950년에서 1990년 사이에 인도는 농업발전을 지속적으로 이루어왔다. 그러나 현재는 농업용수를 확보하는 데 점점 더 많은 비용이 드는데다 황폐한 땅을 새로이 경작지로 활용하는 일도 투자된 비용에 비해 수익성이 점점 떨어지고 있다. 국가 예산에서 농업 분야에 할당되는 재정적 지원도 앞으로 지속될 것인지 그 미래가 불투명하다. 정치적·경제적으로 큰 비중을 차지하는 도시의 중산층이 그같은 예산 분배에 반발하고 있기 때문이다. 사정이 이렇기 때문에 인도의 농업생산이 앞으로도 꾸준히 발전하기 위해서는 극복해야 할 어려움이 많이 있다. 21세기 전반에도 20세기 후반과 같은 농업생산량 증가율을 유지하기가 그리 만만치 않은 것이다. 물론 아직도 발전의 여지는 있다. 특히 갠지스 강 유역 삼각주와 벵골 지방, 그리고 방글라데시에서 그러하다. 문제는 이들 지역의 농업을 발전시키려면 관련 국가들간에 정치적 협조가 이루어져야 하고, 사회간접자본 시설을 확충하기 위해 엄청난 규모의 자본이 투여되어야 한다는 점이다. 댐을 쌓고 관개에 필요한 수로를 파서 1년에 두 차례 이상의 수확을 거둘 수 있게 해야 하는 것이다. 그 밖에 토지소유의 문제 역시 해결을 기다리고 있는 장애물이다. 독립 이후 인도 정부는 각 지역의 정치적 사정을 이유로 그 문제를 해결하려는 노력을 기울이지 않았던 것이 사실이다.

　아프리카의 농업생산량을 4배로 증대시키기 위해서는 '제2의 녹색혁명'을 추진해야 하며, 거기에는 각 지역마다 소규모 경작지의 생산체계를 개선하는 작업도 포함되어야 한다. 또한 국가나 지방자치단체가 운영하는 기관들의 활동을 강화하는 일도 필요하고, 대개는 중앙아프리카공화국의 경우처럼 진정한 농민계층을 재구성하는 작업까지도 벌여야 한다. 그리고 이 모든 일은 내전이 끝나 민간의 평화가 다시 정착되고 생활의 안전이 보장되어야 가능한 것이다. 그것은 동부 아프리카의 큰 호수들을 끼고 있는 지역으로부터 라이베리아에 이르기까지 모든 지역에 해당되는 조건이다. 그 밖에도 무시할 수 없는 또 다른 현실문제가 있는데, 그것은 아프리카 전역에 걸쳐 토질이 아주 척박하다는 사실이다. 이상의 여건들을 고려해보면, 아프리카의 농업생산량을 4 배로 증대시키는 사업은 그다지 승산이 없을 것 같다.

　세계 전체의 농업생산량을 증대시키는 일도 개개 지방 차원에서나 세계 전체의 차원에서나 많은 환경문제를 야기한다. 우선 범지구적으로 보면, 물이 가득 찬 논의 면적이

세계화

늘어나면 그만큼 온실효과를 가져오는 메탄가스의 생성도 많아지고, 소떼들의 생식활동도 활발해진다는 사실을 들 수 있다.

그리고 지방과 지역 차원에서의 환경문제는 좀더 나은 수익성을 얻기 위해 점점 더 많은 화학비료와 살충제를 사용할 수밖에 없다는 점에 기인한다. 비록 적은 용량으로 큰 효과를 얻게 하는 연구가 성과를 거둔다고 해도 사정은 마찬가지일 것이다. 그렇기 때문에 토양오염과 수질오염의 문제가 날이 갈수록 심각해지고 있다. 실제로 많은 나라들이 토양과 수자원 이용을 극대화하고 있고, 도시, 산업, 동력, 농업 각 분야에서 예외없이 그러한 극대화 정책을 취하고 있다. 그 밖에 화학비료와 살충제를 생산하기 위해 소비되는 동력도 심각한 문제거리이다. 그러므로 지방과 지역의 문제들이 모두 쌓이면 세계 전체에 영향을 미치는 큰 문제가 될 수 있다.

농업생산량 증가는 현재 남아 있는 얼마 안되는 열대림마저 파괴할지 모르는 위험을 안고 있다. 인도네시아뿐만 아니라 인도차이나 반도에서까지 일어나고 있는 열대림의 감소가 그같은 위험을 잘 입증하고 있다. 이 지역의 열대림 감소는 최근에 지적되기 시작했으며, 현재도 역시 계속 진행중이다. 21세기 전반에는 인도차이나 반도의 열대림이 거의 사라질 것이며, 인도네시아에서도 사정은 비슷할 것으로 생각된다. 또한 기니 만 연안에서도 몇몇 자연공원을 제외하면 모든 열대림이 사라지고 말 것이다. 이미 코트디부아르와 가나의 해안지방이 그 실례를 보여주고 있지 않은가 (1970~1995년에 이 두 나라는 전체 삼림면적 가운데 70%를 상실했다).

인류가 필요로 하는 식량을 확보하기 위해 세계적 차원에서 좀더 합리적으로 농업생산을 관리하려면 어떻게 하는 것이 좋을까? 이 문제에 대해서는 이제 상당히 분명한 대답을 할 수 있을 것 같다. 즉, 북반구든 남반구든 중위도권 지역에서 먼저 농업활동을 강화하고 발달시켜야 한다는 대답이다. 하지만 인류 사회의 인구증가는 열대지방과 아열대지방에서 우선적으로 일어날 것이기 때문에, 결과적으로 인구의 분포와 식량생산의 분포 사이에 나타나는 불균형은 점점 더 심화될 것이다. 다시 말해서 식량이 생산되는 곳과 그 식량을 제공받아야 할 인구가 있는 곳이 서로 일치하지 않는 것이다. 앞으로 수십 년을 내다보는 예측을 하기 위해서는 또 한 가지 고려해야 할 점이 있다. 기후변동에 따라 지역별로 맞게 될 새로운 상황이 바로 그것이다. 예를 하나 들어보자. 만일 아프리카 사하라 지방에 지금보다 좀더 규칙적이고 많은 양의 비가 내린다면, 파리를 통과하는 경선상에 위

241

치한 지역의 사정은 크게 달라질 수 있을 것이다.* 그래서 좀더 안정적이고 개선된 농사를 지을 수 있는 가능성은 언제나 남아 있다. 이와 반대로 만일 아프리카 북부의 사헬 (Sahel) 지구에서 건조한 기후가 북상한다면 농사를 지을 수 있는 지역은 바다에 면한 협소한 해안지방으로 제한될 수밖에 없을 것이다. 그리고 북아프리카 해안지방은 현재보다 훨씬 많은 주민들이 몰려 더 높은 인구밀도를 나타내게 될 것이다. 그러한 상황은 지중해를 사이에 두고 주변국가들간에 지정학적 관점에서 긴장을 야기할 것이고, 그 긴장은 결국 지중해 북쪽 지방과 남쪽 지방에 다같이 중대한 영향을 미치게 될 것이다.

## 지방이 세계를 움직인다

이륙하는 보잉747기, 고속도로 위를 빠른 속도로 구르는 자동차의 타이어, 차량통행량이 많은 대도시의 교차로 등은 소음을 발생시키고 가스를 분출하면서 그 주변지역에 유해한 영향을 끼친다. 소음공해를 막기 위한 노력에는 여러 가

---

* 파리를 지나는 경선은 대략 동경 2.5° 정도 되는데, 이 경선상에는 알제리를 비롯하여 나이지리아, 니제르, 말리 등 사하라 사막을 끼고 있는 아프리카 국가들이 위치한다. 그 중에는 특히 기아에 허덕이는 나라들이 많다.

지가 있다. 수동적으로 보호하는 방법(방음벽 설치)도 있고, 어떤 기준을 마련해 그것을 따르도록 함으로써 원천적으로 소음을 줄이는 방법도 있다. 후자의 경우는 기술의 발달 덕분에 가능해진 것이다. 그 밖에 교통량 자체를 줄이는 방법도 있다. 이와 같은 소음방지 대책은 지방 차원의 해결책이다. 물론 이러한 규제 기준이 국가 전체 또는 여러 국가를 포괄하는 광범위한 영역에서 적용되어야 할 필요가 있지만 말이다.

실제로 대기권으로 약 70억 톤의 탄소를 내뿜는 것은 지방에서 활동하는 다양한 연소기관들이다. 이 가운데 60억 톤은 지층 속에서 채굴되는 화석연료들(석탄, 석유, 가스)을 태우는 데서 비롯되는 것이다. 특히 산업화와 도시화를 이룬 북반구의 선진국들이 집중적으로 탄소를 배출하고 있으며, 매년 10억 톤씩 황을 함유한 석탄을 태우는 중국도 반드시 지적해야 할 나라이다. 그린란드의 빙하는 대기중의 이산화탄소량이 산업화가 시작되던 초기, 즉 19세기 초에는 약 280PPM이었던 것이 20세기 말에 이르러 340PPM으로 증가했음을 보여주고 있다. 마찬가지로 메탄가스의 양도 0.8PPM에서 1.7PPM으로 늘어났다. 이 메탄가스는 인간의 각종 활동들—벼농사, 음식물 소화작용—에서 생기는 것으로, 메탄가스 분자는 탄소 분자보다 20배나 더 강한 온실효과를 초래한다. 20세기 화학산업이 만들어낸 물질인 프레온 가스(CFC)<sup>*</sup> 분자는 이산화탄소 분자보다 1만 5천 배에서 2만 배까지 더 오염시키는 강력한 힘을 가지고 있으며, 대기 중에서 소멸되지 않은 채 1세기 이상을 떠다닐 것이라고 한다. 화학반응을 일으키지 않는 안정된 물질인 이 프레온 가스 분자들은 10년이라는 긴 기간에 천천히 상승하여 성층권까지 도달했다가 다시 대류권의 화학작용에 의해 파괴된다. 그 과정에서 프레온 가스 분자들은 오존 분자를 파괴하는 작용을 하게 된다. 그런데 지구 대기권에 존재하는 오존은 극히 소량에 불과하지만, 태양에서 오는 자외선을 흡수하는 특성을 지니고 있어 파괴해서는 안될 물질인 것이다.

이상에서 살펴본 오염물질들이 생기는 곳은 물론 지방이다. 하지만 오염물질들은 그 직접적 배출지역인 지방에 대해 장기적인 영향을 미치지 않고, 단지 아주 짧은 동안에만 그 영향을 느끼게 할 뿐이다(일정 시기에 오염의 '정점'이 나타나지만, 그것은 시간이 지나면서 오염을 야기시킨 활동이 중단되면 곧 사라져버린다). 하지만 지구 전체를 놓고 볼 때는 전혀 사정이 다르다. 그것은 10년 또는 한 세기에 걸쳐 아주 느린 속도로 누적되어 기후변동을 초래할 수 있다. 그렇게

---

* 프레온 가스는 화학적 명칭이 CFC(chlorofluorocarbon, 염화불화탄소)로서, 오존층 파괴의 주범으로 지목받고 있다.

해서 발생하는 기후변동은 예상 밖의 엄청난 결과를 초래할 것이며, 수 세기를 두고 영향을 미치게 될 것이다. 환경오염 문제의 경우, 지방 차원에서 일어나는 작용과 현상은 범지구적 차원에서 일어나는 작용과 현상에 따른 그것과는 성질이 다르다. 비록 그것이 가스라는 동일한 오염물질에 의한 것이라고 해도 말이다. 그리하여 단지 오염의 규모를 변화시킬 뿐만 아니라 오염의 성격도 변화시키고, 나아가 오염이 초래하는 결과의 성격까지도 변화시키게 된다.

온실효과를 초래하는 유해 가스가 발생한다는 사실과, 대기중에 그 유해 가스가 차지하는 비율이 점차 증가하고 있다는 사실을 밝힐 수 있었던 것은 오로지 과학적 연구의 성과와 그에 따른 기술의 발달 덕분이었다. 그리고 세계적인 대규모 프로그램이 마련되고 그 프로그램의 실천을 위해 해양탐사선, 남극과 북극의 연구기지, 로켓과 인공위성 등 로지스틱 방식에 기초한 거대한 도구들을 동원할 수 있었기 때문이다. 19세기에는 산업활동에서 프레온 가스가 사용되었다고 하더라도, 그 물질이 초래하는 파괴적 효과를 밝혀낼 수는 없었을 것이다. 더구나 당시에는 프레온 가스가 파괴하는 '오존층'의 존재마저 알려져 있지 않았으니 더 말할 필요도 없는 일이다. 이에 반해, 탐사용 기구(氣球)나 비행기에 탑재할 탐지기가 발달되고 인공위성에 레이더 탐지기까지 설치해 사용할 수 있게 된 1980~1990년대에는 늦여름의 고위도 지방에서 오존 분자들이 감소한다는 사실을 밝혀낼 수 있었다. 마찬가지로, 대기중에 포함된 이산화탄소와 그 밖의 다른 가스들의 양이 어떻게 변화하는지 알기 위해서는 그린란드와 남극 대륙의 빙하에 구멍을 뚫고 그 안에서 둥글납작한 얼음조각을 채취하여 그대로 보존하는 기술과, 그 얼음조각에 함유된 극소량의 가스들을 분석하는 기술이 필요했다.

　인간의 활동으로 인해 발생하는 온실효과를 파악할 수 있었던 것은 세계화가 가져다준 결과였다. 과학자 사회의 구성, 지식의 발달, 이론 및 연구도구의 발달, 그리고 대중매체를 통한 지식과 가설의 전파는 그러한 세계화의 요인들이었다. 실제로 과학자들은 자신들이 사회적으로 유용한 존재임을 '떳떳이 밝히기' 위해, 그리고 자신들의 연구를 지속하는 데 필요한 자금을 얻어 쓰기 위해, 일반 대중과 의견을 나누고 그들에게 지식을 전해주며 나아가 그들의 여론을 동원할 줄 알아야 했다. 그런 연유로 해서 1992년 6월 지구환경회의가 리우데자네이루에서 열렸던 것이다. 그곳에서 각국 정상들은 정상회담을 가졌고 관련있는 비정부 단체들도 별도로 회의를 가졌으며, 대중매체를 통해 그 내용이 대대적으로 보도됨으로써 거대한 토론의 장이 형성되었다. 그리고 총체적인 '세계의 활동'과 지역적인 '공동체의 활동' 사이에는 때로 비협조적이고 의미가 불분명한 상호간섭이 일어난다는 사실도 보여주었다. 그리하여 서로 모순되는 두 가지 경향이 나타나게 되었다. 한편으로는 모호하기는 하지만 세계 여론을 움직일 수 있는 개념들, 즉 '지속 가능한 개발'이라든가 '생태적 다양성' 같은 개념들이 세계적으로 널리 전파되는 경향이 있는 반면, 다른 한편으로는 매 순간의 이해관계와 문제들을 찾는 세계 각국의 정부가 정치적으로 서로 다른 입장을 취하는 경향이 있는 것이다. 그런데 모든 나라가 서로 자국의 이해관계를 반영하다보니 자연히 갖가지 의견 차이가 발생할 수밖에 없다. 개발도상국들은 에너지 사용을 줄이자는 의견에 정면으로 반대한다. 그렇게 되면 자국의 경제성장 둔화가 뻔히 보이기 때문이다. 예컨대 중국이나 브라질 같은 나라는 자국 영토는 자국이 관리한다는 주장을 내세워 비정부 단체들이나 해외 강대국들의 개입을 거부하고 있다. 아마존 유역의 벌목을 규제하라고 비정부 단체들과 해외 강대국들이 강력히 요구하는데도 매년 800만 헥타르에 달하는 삼림이 계속 훼손되고 있다. 그렇게 해서 황폐해지는 삼림은 20세기 중반을 기준으로 했을 때 전세계 삼림면적의 100분의 1에 해당한다. 한편, 인도양과 태평양의 산호섬들을 비롯하여 평평한 지형의 작은 섬나라

247

들은 해수면 상승의 영향을 직접적으로 받을 수밖에 없으며, 그에 따라 산지국인 네팔보다는 당연히 더 절실하게 온실효과를 초래하는 유해 가스의 배출 규제를 바라게 된다. 또한 화석연료에 기초한 동력자원을 많이 보유하지 못한 서유럽과 일본의 입장은 미국의 입장과 다를 수밖에 없다. 유럽과 일본은 첫 석유파동을 겪은 후 새로운 에너지난에 대비하여 에너지 절약 정책을 성공리에 추진해온만큼, 이제는 온실효과를 초래하는 유해 가스의 배출을 줄이기 위해 대책을 세워야 한다는 예방의 원칙을 실제로 적용할 준비가 되어 있다. 이에 비해 미국은 많은 전문가들이 막대한 에너지 소비에 기초하는 경제나 사회적 동향에 대해 의문을 제기하기는 하지만, 정작 그들 사이에서 어떤 일치된 견해도 도출되지 않고 있음을 계속 강조한다. 그 누구도 미국식 생활양식과 소비문화를 감히 건드릴 수 없다는 것이다.

이제 환경오염의 예방 대책을 세워야 한다는 원칙은 세계적인 토론거리가 되었다. 그 예방의 원칙에는 어떤 특정한 과학적 사고방식이 반영되어 있다. 즉, 일련의 연속적 현상들이 존재할 때, 그 중 한 현상에서 다른 현상으로 넘어가는 문턱은 곧 '작은 분기점'의 역할을 하게 되며, 그리하여 체계 전체의 변화까지 불러올 수 있다는 가설이 내포되어 있는 것이다. 그러한 가설이 나오게 된 배경에는 '범지구적 변화' 즉 인간의 활동으로 인해 초래되는 지구의 기후변동을 연구한 학자들이 있다. 그들은 '범지구적 변화'를 관찰하면서 감지되는 일련의 조짐들을 밝혀냈다. 그 가운데 몇몇 조짐들은 '작은 분기점'에 해당할 수 있으며, 따라서 장기적으로 대단히 심각한 결과를 초래할 수 있다는 사실도 알아냈다. 일단 분기점이 생겨나면 다시 이전의 상태로 되돌리기는 매우 어려운 일인 것이다.

1996년, 과학자들은 지구상의 평균기온이 상승한 사실이 기록상으로도 확인되었으며 그 원인은 온실효과를 낳는 유해 가스가 증가한 데 있다고 결론지었다. 이에 대해 이의를 제기하는 학자는 아무도 없었다. 또한 그들은 매우 느리긴 하지만 그래도 상당히 주목할 만한 속도로 해수면이 상승하고 있다는 사실도 지적했다. 지난 한 세기 동안 매년 1.5밀리 정도씩 높아졌다는 분석이다. 그리하여 총 15밀리의 상승폭 가운데 10밀리는 산악 빙하가 녹아내린 데 따른 결과이고, 나머지 5밀리는 해수의 상층부가 열팽창을 일으킨 데서 온 결과라고 한다. 하지만 이와 반대로, 기온의 상승을 나타내는 곡선이 앞으로 어떤 의미를 가지게 될 것인지에 대해서는 거의 일치된 견해가 없다. 어쩌면 그 상승세는 예상보다 약할지도 모른다. 앞의 경우와 정반대로 기온의 하강을 초래하는 활동도 한편으로 존재하기 때문이다.

예컨대, 미세한 먼지의 배출은 대단히 높은 고도에서 새털구름과 같은 엷은 구름층의 생성을 촉진하는 작용을 함으로써 대기를 냉각시키고, 결과적으로 기온상승을 억제하는 효과를 가져올 수 있는 것이다. 그 밖에 '범지구적 변화' 속에 각 지역의 비중이 얼마나 포함되어 있는지에 대해서도 합의된 바가 없는 실정이다.

우리가 알고 있는 지식에 의하면, 지구의 기후변동이란 늘 대단히 빠르게 일어났던 것으로 파악된다. 제4기, 즉 마지막 빙하기에 만들어진 얼음이 녹기 시작하면서부터 1만 5천 년의 세월이 흘렀고, 그 사이에 일어난 해수면 상승은 약 100미터 정도로 추정된다. 그러나 8천 년 전에는 단 1년 동안에 1~3미터까지 급격히 높아진 기록도 있다. 아마존 강 유역의 삼림면적도 지금으로부터 8천 년에서 5천 년 전 사이에 급격한 변화를 보였다. 따라서 인간의 활동에 의한 기온상승으로 미래에 일어날 변화와 비교했을 때, 그보다 훨씬 큰 폭의 변화들이 과거부터 있어왔음을 알 수 있다. 하지만 문제는 과거의 변화들이 일어났던 시기와 지금은 사정이 전혀 다르다는 데 있다. 과거의 변화기에는 인류를 구성하던 인구가 소수에 불과했고 그나마 지표면에 흩어져 주로 수렵, 어로, 채취로 살아가는 작은 집단들을 이루고 있었고, 농사를 짓거나 가축을 기르는 농경생활이 세상에 처음으로 등장하고 있었다. 따라서 변화의 파장도 그만큼 중대하지 않았을 것이다. 한편, 기온상승만이 아니라 기후요소의 흐름이 역전되는 변화도 급속도로 일어날 수 있는 것으로 알려졌다.

인류가 밝혀낸 이와 같은 지식들은 전세계를 통해 교류되고 논의된다. 그리고 '범지구적 변화'는 인간의 개입 없이 최근의 지구 역사, 즉 지난 1만 년간의 역사에서 부인할 수 없는 분명한 현실로 존재해왔음을 말해준다. 그런 한편으로, 인간의 활동으로 '작은 분기점'이 생김에 따라 기후의 이상현상이 뒤이어 발생할 수 있다는 사실에 대해서도 진지하게 생각하도록 만든다.

오늘날 우리는 지구와 세계 간의 관계, 좀더 정교한 표현을 쓰면 '지구-체계'와 '세계-체계' 사이에 맺어지는 관계에 대해 보다 정확한 지식을 갖고 있다. 즉, 수많은 지역적 활동과 궁극적인 인류의 공동운명 사이에는 밀접한 관계가 있어 상호간섭 현상이 일어난다는 사실에 대해 더 잘 알게 되었다는 말이다. 세계화가 몰고오는 직·간접적인 영향들은 이처럼 인류 전체가 하나의 단일집단을 구성하고 있다는 사실을 인식하도록 강요할 것이며, 또 그러한 인식으로부터 정치적인 결실까지 이끌어내지 않으면 안된다고 가르칠 것이다.

# 결론 - 세계의 전복?

　　20세기의 마지막 20년은 집중화, 성장, 전복, 변화, 가치
관의 수정, 이질성과 차이의 증대 등으로 분주한 시기였다.
프레베르* 식으로 이것저것 언급해보자. 우선 구소련의 폭
발-해체에 따른 양극화 현상의 종식과 기존 세계질서의 종
언을 들 수 있는데, 구소련에서 떨어져나온 땅덩어리의 일
부는 그 뒤로-잠정적 현상이겠지만-방향을 잡지 못한 채
표류하고 있다. 미국이 패권을 쥐고 주역 노릇을 하는 국제
통화기금, 세계은행, 세계무역기구 등의 국제기구에 신자유
주의 이론이 널리 퍼지게 되었다. 세계 곳곳에서 자유주의
경제에 바탕을 두고 안정을 추구하는 다양한 계획들이 수립

---

* 자크 프레베르(Jacques Prévert, 1900-1977)는 프랑스의 시인으로,
『파롤』, 『구경거리』, 『이야기』 등의 시집을 냈다. 시의 기법으로는 마
치 목록을 만들 때처럼 열거법을 즐겨 썼다.

되고, 구조조정을 위한 프로그램도 마련되었다. 그리고 뒤이어 세계 교역량이 증가하면서 좀더 안정된 통화체계를 유지하게 되었다. 이제는 국가가 경제나 사회 분야에 대한 개입을 철회하는 것을 볼 수 있는데, 이는 규제가 완화되는 현상이다. 이같은 사실은 국가의 경쟁력이 기업 대표들에게, 또 세계무역기구나 국제통화기금 같은 세계적 기관들의 권력을 위임받은 대리인들에게 이양되고 있는 현상에서 잘 드러난다. 앞에서도 여러 차례 강조한 바 있지만, 금융 분야의 독자성 확보도 주목할 만한 사실이다. 이제 자본의 흐름은 자본 고유의 논리에 따라 이루어지며, 갈수록 정교한 방식으로 유통되고 있다. 뿐만 아니라 정보와 통신수단의 발달에 따라 유통은 더욱 수월하게 이루어진다. 그러나 금융은 경제를 조종하고, 경제로 하여금 단기자금의 활용에 더 관심을 쏟는 금융의 규칙에 따르도록 강요한다. 재화와 서비스 분야의 생산성 향상은 가장 중대한 결과를 초래했다. 기술의 발달에 따른 생산성 증대는 사상 처음으로 일자리를 없애버리고 다른 분야에서 새로운 고용을 창출하는 데 도움도 주지 못한다. 지금까지는 한 분야의 고용이 줄면 다른 분야의 고용이 그만큼 또는 그 이상으로 늘어났었다. 한마디로 말해 세계가 필요로 하는 전체 노동량이 감소한 것이다. 지구촌 구석구석에 '충격 영상'으로 즉각 전달되는 정보들

은 사람들에게 대재앙 속에 던져진 세계를 보는 듯한 생각
이 들게 한다. 세계는 마치 온통 전쟁과 학살로 물들어 있는
것 같은 느낌을 주는 것이다. 사건이 역사보다 우위를 점하
게 되었다. 주로 초국가 무대에서 에이즈와 마약이 출현하
여 창궐하면서 불안정한 사회 내부에 2000년대에 대한 두
려움이 퍼지고 있다. 그런데 불안정한 사회는 더 이상 위험
과 정면으로 맞서기를 원치 않는다. 즉, 미래에 일어나게 될
우발적인 일들을 염두에 두고 싶어하지 않는 것이다. 각종
사건의 충격에 덧붙여 도처에서 팽배한 세계인식에 따르면,
소외와 배척의 '확대재생산'은 졸부에 대한 환상, 그리고 유
행이나 광고가 퍼뜨리는 새로운 소비형태와 충돌한다. 마지
막으로 지적할 것은 세계지도가 점점 만화경이 되어간다는
사실이다. 세계지도를 펼치면 점이나 네모로 표시되는 가난
과 소외의 지역들이 있다. 그 지역들은 분리지구들을 거느
리고, 세계화된 연결망이 통과하는 영역-부가 축적되거나
탕진되는 영역-속의 모든 단위에서 서로 중첩되어 있다.

　　미셸 보는 저서 『가속화 속의 가속화들』에서 체계를 설
명하는 개념을 사용하여 바로되먹임작용의 역할과 조정기
능의 부재에 대해 말하고 있다. '체계의 법칙'을 빌려 말하
자면, 원래 조정기능은 체계의 안정을 유지해주는 작용을
하는 거꾸로되먹임작용*을 활용한다. 각 나라마다 자국 영

토를 굳건히 다지는 포장공사를 진행시킴에 따라 수많은 '포석(鋪石)들'이 부스러지거나 조각조각 떨어져나가고 있다. 금융 분야는 불완전한 조정기능에 의지해 움직이고 있어서 여전히 잘 통제되지 않는 영역이다. 유럽 단일통화나 기타 금융상품 같은 초국가적 유통은 국가가 주도하는 국제적 조정기능을 압도하게 될 것이므로 더욱 그러하다. 마약이나 부패의 불법적인 초국가적 유통은 본질적으로 공식적 규제—'형식적' 규제라고는 차마 표현할 수 없으니—의 힘이 미치지 못하는 곳에서 이루어진다. 그리고 대기권에는 오염물질이 날이 갈수록 점점 더 쌓이고 있다. 하지만 오늘날의 세계에 무언가 어긋난 것이 있다면, 이는 큰 활동무대 내에 조정기능이 없는 탓이라기보다는 각종 분야들과 큰 활동무대들 사이의 연결을 조정하는 기능이 없기 때문이다. 국제통화기금이 제시하는 방식에 따라 조정정책이 세워지고 조정기능이 수행된다면, 통화를 안정시키고 경제의 '건전한 체질 개선'을 실현시킬 뿐만 아니라, 나아가 경제를 다시 성장시킬 수도 있을 것이다. 그러나 그와 동시에 급속한 빈곤화의 나락 속으로 떨어지는 일부 인구를 아예 경제활동

* 상호관련된 두 현상(요소, 변수)이 상호작용을 통해 일정한 상태나 안정된 상태를 유지하는 것. 영어로 negative feedback. 자동조절 난방 장치를 예로 들 수 있다.

밖으로 밀어내는 결과가 빚어질 가능성도 충분히 있다. 그리하여 신자유주의 정책은 부를 쌓아가는 소수와, 실업과 소외로 생활고를 겪는 대다수 사이에, 개인에서 국가에 이르기까지 모든 수준에서 깊은 단절의 골을 자꾸 만들어가고 있다.

그 밖에도 다양한 변화들이 뚜렷이 확인되고 있는데, 그 가운데 인구 변화의 추이를 살펴보자. 인구 변화의 속도는 안정을 향해 점점 가속화되고 있으며, 아마도 앞으로 반세기 뒤에는 세계 인구의 규모가 어느 정도 결정될 것으로 생각된다. 인구의 노령화는 21세기가 풀어야 할 중대한 문제로 떠오를 것이다. 그래도 세계 각처에서 대부분의 인구가 과거보다는 나은 생활을 영위하고 있다. 특히 동아시아의 생활수준이 크게 향상되었다. 그리고 러시아를 제외한 모든 국가에서 평균수명이 계속 연장되고 있다. 에이즈를 정복하는 것도 불가능한 일만은 아니며, 이 병은 아마도 아프리카보다는 선진국에서 먼저 정복될 것이다. 라틴 아메리카의 대도시에서는 3%를 웃돌던 연평균 인구성장률이 이제 많이 둔화되었다. 그러나 세계를 그린 그림에는 언제나처럼 '명암'을 나타내는 많은 점들이 얼룩진 빛과 그림자를 드러내고 있다.

지난 25년 동안에 일어난 엄청난 변화는 물론 앞으로도 계속 이어지겠지만, 어쨌든 그것은 한 체계에서 다른 체계로 넘어가는 과도기를 말해주는 것일 터이다. 물론 일반적인 체계이론을 '세계-체계' 속에 살고 있는 인류에게 적용할 때는 당연히 모든 것을 고려해서 신중에 신중을 기해야 한다. 그러나 그 이론은 우리에게 한 체계에서 다른 체계로의 전환은 반드시 톰(Thom)[*]이 말한 '파국'을 거쳐 실현된다는 것을 깨닫게 한다. 낡은 체계가 바로되먹임작용의 열정적 활동으로 무너진 뒤에 새로운 세계가 등장한다. 즉, 체계를 안정시키는 기능을 하는 거꾸로되먹임작용과 함께 새로운 상호작용이 자리잡으면 새로운 체계가 탄생하게 되는 것이다. 20세기가 끝나고 21세기가 시작되려는 이 시점에서 '세계화/범지구화'는 세계를 '파국'의 단계에 들어서게 만들 수도 있다. 미래의 주인공인 새 세대에게는 새로운 세계의 체계를 다시 세우는 일이 특히 고무적인 과제가 될 것이다. 그때쯤이면 신자유주의라는 체계도 한물간 것이 될 테니까 말이다.

---

* 톰(René Thom, 1923-)은 프랑스의 수학자, 과학원 회원, 고등과학연구원 교수로서 『파국 이론』(*La théorie des catastrophes*)을 저술했다.

**해설**

●

‘세계화하기’와 ‘세계화당하기’

## 해설
# '세계화하기'와 '세계화당하기'

**이정만**(서울대 지리학과 부교수)

　　세계화의 그림자가 우리도 모르는 사이에 우리 주위에 다가와 어슬렁거리고 있다. 우리는 일상생활에 뭔가 큰 변화가 일어나고 있다는 걸 어슴푸레하게 느끼며 두려워하고 있다. 세계화란 자동차나 아이스크림처럼 우리가 쉽게 파악할 수 있는 구체적인 물체가 아니다. 프로세스일 뿐이다. 하지만 그것은 우리가 늙는 것이나 계절이 바뀌는 것처럼 분명히 우리 주위에서 일어나고 있으며 우리에게 대단히 큰 영향을 미치는 것이다. 그것을 이해하기가 어려운 이유는 우리가 범세계적인 규모와 수십 년, 수백 년의 긴 시간규모에서 사고하는 데 익숙지 않기 때문이다. 더구나 그렇게 크

261

고 긴 스케일에서 벌어지는 현상을 우리 주위의 사소하고 미묘한 변화와 연결시키는 것은 더더욱 어려운 일이다. 하지만 이제 우리는 그러한 큰 스케일과 우리의 일상생활이라는 작은 스케일의 연결관계를 이해해야만 하는 상황에 처해 있다. 왜냐하면 앞으로 수십 년, 아니 어쩌면 수백 년 동안 (사람이나 지역에 따라 적응기간에 차이가 있으므로) 이 추상적인 용어로 표현되는 변화에 어떻게 대응하느냐에 따라 슬픔과 기쁨이 엇갈릴 것이기 때문이다. 지리학자들은 이렇듯 범지구적인 스케일과 우리나라, 우리가 사는 도시, 그리고 우리 가족이나 나 자신이라는 다양한 공간적 스케일에 따라 나타나는 현상들이 서로 어떻게 연관되는지에 대하여 큰 관심을 가져왔다. 이 책의 저자인 올리비에 돌퓌스도 바로 그러한 전문가 가운데 한 사람이다.

　우리는 그동안 우리와는 별로 관계없는 것으로 생각했던 초국적 자본의 순간적인 이동이 이제 우리가 직업을 구하느냐 잃느냐, 회사가 망하느냐 일어서느냐 하는 것과 직접적인 관련이 있다는 것을 깨닫게 되었다. 우리는 지난 겨울부터 시작된 IMF 구제금융과 국가신인도 회복을 위한 정책들을 통해 우리에게 중대한 일들이 저 멀리 미국 뉴욕의 월스트리트나 일본의 토오쿄오, 심지어 인도네시아의 자카르타에서 결정될 수 있다는 것을 알게 되었다. 엄청난 수업

료를 내면서 과외공부를 하고 있는 셈이다. 세계화의 씨앗은 수백 년 전(해석하기에 따라서는 수천 년 전)부터 뿌려졌지만, 우리에게 지금 세계화가 중요한 의미를 갖게 된 것은 그것이 우리 일상생활 전반에 지배적인 영향을 미치게 되었기 때문이다. 좀더 일찍 세계화 학습을 하였더라면 좋았겠지만, 그것이 쉬운 일은 아니었다. 왜냐하면 20세기 말 인류의 생활양식이나 기술 또는 제도의 변화 속도는 너무나도 급속하여, 세계의 석학들도 정확히 파악하거나 예측하기 힘들 정도이기 때문이다.

세계화라는 현상 혹은 프로세스가 우리에게 중차대한 의미를 갖는 이유는 이것이 모든 사람에게 똑같이(아니면 공평하게라고 할까) 작용하지 않기 때문이다. 세계화는 불균등화의 프로세스이다. 파괴의 프로세스이다. 하지만 이 파괴의 프로세스는 힌두교의 파괴의 신 시바(Siva)와 마찬가지로 창조의 전주곡이다. 낡은 질서가 사라지고 새 질서가 만들어지는 과정이다. 하지만 인류의 역사에서 새로운 질서의 창조를 위한 낡은 질서의 파괴과정은 항상 피비린내가 가득했다. 요즘 언론매체에 직장을 잃고 지하철역을 전전하는 '홈리스'(homeless)들에 대한 신문기사나 일가족이 동반자살했다는 가슴 아픈 얘기들이 자주 등장하고 있다. 어쨌든 실직을 비관하여 자살한 사람이나 그 가족은 모두 변화의 시기에 어찌할 바 모르고 속수무책으로 있다가 피해를 당한 사람들이다. 이들은 모두 생활영역이 확대되는 시기에 발생하는 갈등에 휩싸여 억울한 죽음에 이른 사람들이다.

인류의 역사를 생활영역의 차원에서 보면, 그것은 끊임없는 공간적 확장의 역사이다. 신석기시대에 한강변 암사동 주거지에 수백 만 명이 살지는 않았다. 그곳에는 불과 수십 명, 많아야 수백 명이 모여 살았을 뿐이다. 이들은 다른 집단과 매일 교류하지도 않았을 것이며, 설령 그랬다고 하더라도 그러한 교류가 이들에게 필수불가결한 것은 아니었을 것이다. 하지만 철기시대가 되면 얘기가 달라진다. 서울 올림픽공원 내의 몽촌토성 박물관에 전시되어 있는 백제유물을 보더라도 이들은 이미 말을 타고 다녔고, 다른 지역에서 공급되는 철광이나 식량 등이 없이는 살 수 없는 상황이었다. 물론 그곳에 살던 사람들은 주로 권력자들이었으므로 다른 지역과의 관계에서 피해를 보기보다는 이익을 얻는 편이었겠지만, 몽촌토성의 방어벽이나 무기 등을 보면 이때 이미 치열한 영역 다툼이 있었다는 것을 알 수 있다. 이들은 영역을 확대함으로써 더 호화스럽게 살 수 있게 되었지만, 그러한 호화스러움을 노리는 다른 집단들에게 자기들의 권력을 빼앗기지 않으려고 전력을 다하지 않으면 안되었다. 요컨대 생활영역의 확장은 선사시대부터 지금까지 계속되어온 프로세스이고, 영역 확장의 결정적인 시기에는 치열한 경쟁과 갈등이 있었으며, 그 과정에서 수많은 사람이 피해를 보고 또 다른 수많은 사람이 이익을 보았다는 것이다. 오늘날의 세계화도 과거에 말[馬]이 보급되어 일일생활권이 확장됨에 따라 생활영역이 재편되면서 겪었던 프로세스와 비슷한 것이다. 단지 그 스케일이 이제는 지구 전체의 규모에 이르러 우리가 그 실체를 감지하기가 더 어려워졌을 뿐이다.

생활영역이 확장되면서 겪는 중대한 문제는 기존의 제도나 관습 가운데 많은 부분이 새로운 규모의 생활영역 단위에서는 적당하지 않게 되는 것이다. 오늘날 우리가 겪는 혼란과 어려움의 이면에는 새로운 공간단위, 즉 세계의 단위에서 활동이 이루어지는 부문-예를 들면 금융이나 무역 등-의 경계와, 기존의 공간단위에서 활동이 주로 이루어지는 부문-예를 들면 정치나 행정 등-의 경계가 일치하지 않는다는 현실이 있다. 자본은 국경을 자유롭게 넘나드는데, 정치권력은 대체로 국경 안에서만 작동한다면 이러한 초국적 자본은 거의 무정부상태에서 움직이게 되는 것이다. 이 책에서도 설명되었듯이 국경을 초월하여 다니는 것은 무수히 많다. 그 대표적인 것만 들더라도 자본, 기술, 지식, 정보, 종교 등을 들 수 있다. 우리의 일상생활 또는 실질생활이 작

동하는 영역이 이미 개별 국가를 넘어서고 있는데 정치나
행정이 기존의 국가체계에 기반을 두고 있다면, 그러한 경
계선의 불일치에 따른 심각한 문제가 발생하게 되고 그 결
과는 그 경계선을 일치시키는 방향으로 진행될 것임을 쉽게
짐작할 수 있다. 하지만 그러한 변화는 충격적인 변화이므
로 많은 저항과 갈등을 불러일으킬 것이다. 생활영역의 확
장이라는 대세에 잘 적응하지 못한 사람들에게 가해지는 형
벌은 가혹하다. 오늘날 전세계에서 수많은 소수민족이 국가
의 통합이나 근대화 등에 밀려 사라져 가고 있는 것은 그 형
벌이 어떤 것인지 잘 말해주고 있다. 스스로의 언어나 문화
를 잃고 아이덴티티를 상실하는 비참한 경험을 하고 있는
것이다.

　이렇듯 생활영역의 확장으로 표현할 수 있는 세계화가
진행되는 과정에서 세계 연결망의 핵심에 접속이 되는 사람
(또는 지역)과 그렇지 못한 사람(또는 지역) 사이에는 격차가
심화된다. 이 책 본문에 언급되었듯이 세계화는 성장지역이
나 소득증대집단뿐만 아니라 소외지역과 소외집단을 낳는
다. 나는 그것을 '세계화하는 사람'과 '세계화당하는 사람'
이라고 표현하고자 한다. 우리나라의 근대화과정에서도 '근
대화하는 사람'과 '근대화당하는 사람'이 있었다. 일찍 도시
로 이주하여 제조업이나 상업 또는 서비스업에 종사한 사람

들이 대체로 경제적으로 성공한 반면, 농촌에 남거나 도시
에서 단순노동직에 종사한 사람들은 열심히 노력해도 빈곤
을 벗어나기 힘들었다. 그들은 자신들이 아무리 열심히 일
해도 빈곤을 벗어나지 못하는 이유를 끝내 이해하지 못한
채 자식에게 희망을 걸며 사라져갔을 것이다. 그들이 사는
사회에 도시화나 공업화 또는 탈공업화가 닥쳐왔으며, 그것
이 그들의 인생에 중차대한 영향을 미쳤다는 것을 죽은 뒤
에나 깨달았을까? 우리는 이제 더 크고 긴 변화, 즉 세계화
의 중대국면에 처해 있다. 우리는 '세계화할 것인가' 아니면
'세계화당할 것인가?' 세계화는 이미 피할 수 없는 대세이지
만, 우리가 그러한 대세에 어떻게 준비하고 대응하느냐 하
는 것은 우리의 선택 사항이다. 이미 미국은, 아니 미국의
일부 사람들은 세계화의 헤게모니를 장악해가고 있다. 자신
들이 원하는 방향으로 미래를 만들어가고 있는 것이다. 세
계통화 달러화, 세계언어 영어(실제로는 미국어), 세계문화
미국 헐리우드 문화, 여기에 유로화와 프랑스어, 일본의 컴
퓨터 게임문화가 대항하고 있지만 아직까지는 역부족이다.
하지만 우리 개개인이나 우리나라에 희망이 전혀 없는 것은
아니다. 세계화도 그것을 잘 알고 이용하는 사람에게는 더
할 나위없이 훌륭한 기회이다. 세계화당하지 않기 위해서는
우선 세계화라는 프로세스가 어떠한 것인지 잘 이해하는 것

이 필수적이다. 돌퓌스의 이 책은 우리에게 세계화의 모습을 다양한 측면에서 설명해준다.

돌퓌스는 이 책 제7장에서 세계화에 대하여 추상적으로 이해하고 있는 것이 아니라 세계 각 지역에서 일어나는 구체적인 변화를 토대로 세계화를 이해하고 있다는 것을 보여준다. 그는 7장에서 몇 가지 사례를 통해 세계화의 모습이 구체적으로 어떻게 우리에게 다가오고 있는지 알게 해준다. 인도양의 모리셔스 제도, 아프리카의 기니, 남아메리카의 페루, 히말라야 산지의 네팔과 같은 곳에서 벌어지는 변화가 바로 세계화인 것이다. 세계화는 멀리 있는 것이 아니라 우리 삶의 곳곳에 있다.

그는 공간적 관점, 생태적 관점, 문화적 관점, 그리고 헤게모니의 관점 등을 통해 세계화의 여러 모습을 잘 설명해내고 있다. 독자들은 이 책을 통해 세계화의 원리와 그 구체적인 양상을 보다 잘 이해할 수 있으리라 믿는다. 우리는, 개인적으로 또는 집단적으로, 세계화 프로세스와 관련하여 어떠한 장점과 약점을 가졌는지 스스로 점검해보고, 앞으로 우리의 삶을 성공적으로 이끌기 위해 어떤 준비가 필요한지 알아둘 필요가 있다. 물론 그 첫걸음은 세계화란 어떤 것인지를 정확히 이해하는 것이다.

'우리나라는 삼면이 바다로 둘러싸여 있다'라는 단순한

명제가 당신에게 깊은 뜻을 가지게 된다면 당신은 '세계화
당하지 않는' 데 한발 다가서게 된 것이다. 만약 '한반도는
일본과 중국 사이에 있다'는 것이 가지는 중요한 의미마저
알게 된다면 '세계화당하지 않는' 데서 나아가 '세계화하는'
데로 가고 있는 것이다.

# 참고문헌

Bertrand Badie, *La fin des territoires*, Paris: Fayard, 1995.

Bertrand Badie, Marie-Claude Smouts, *Le retournement du monde*, Paris: Presses de Sciences Po et Dalloz, 2e édition, 1995.

Banque mondiale, *Rapport sur le développement dans le monde*, Washington DC (annuel).

Michel Beaud, *L'économie mondiale dans les années 80*, Paris: La Découverte, 1989.

Roger Bruner (dir.), *Géographie universelle, 1989-1996*, Paris: Belin /RECLUS, 10 tomes.

CEPII, *L'économie mondiale*, Paris: La Découverte.

Olivier Dollfus, *L'espace-monde*, Paris: Economica, 1994.

Olivier Dollfus, *La nouvelle carte du monde*, Paris: PUF, 1995.

Marie-Françoise Durand, Jacques Lévy, Denis Retaillé, *Le monde : espaces et systémes*, Paris: Presses de Sciences Po et Dalloz, 1992.

Christian Grataloup, *Lieux d'histoire : essai de géohistoire systématique*, Marseille: RECLUS, 1996.

Gérard Kebabjian, *L'économie mondiale, enjeux nouveaux, nouvelles théories*, Paris: Le Seuil, 1994.

Paul Kennedy, *Préparer le XXIe siécle*, Paris: Odile Jacob, 1994.

Yves Lacoste, *Dictionnaire de géopolitique*, Paris: Flammarion, 1994.

Zaki Laïdi (dir.), *L'ordre mondial relâché. Sens et puissance après la guerre froide*, Paris: Presses de Sciences Po, 2e édition, 1993.

Jacques Lévy, *Le monde pour cité*, Paris: Hachette, 1996.

Charles-Pierre Péguy, *L'horizontal et le vertical*, Marseille: RECLUS,

참고문헌

1996.

Ramsès, *Rapport annuel mondial sur le système économique et les stratégies*, Paris: IFRI/Dunod.

베르트랑 바디, 『영토의 종말』, 파리: 파야르, 1995.

베르트랑 바디, 마리-클로드 스무, 『세계의 전복』, 파리: 시앙스 포 출판부/달로즈, 제2판, 1995.

세계은행, 『세계개발보고서』, 워싱턴(연간).

미셸 보, 『80년대의 세계경제』, 파리: 라 데쿠베르트, 1989.

로제 브뤼네르(감수), 『보편 지리: 1989-1996』, 파리: 블랭/RECLUS, 전10권.

CEPII, 『세계경제』, 파리: 라 데쿠베르트.

올리비에 돌퓌스, 『세계-공간』, 파리: 에코노미카, 1994.

올리비에 돌퓌스, 『세계의 새로운 지도』, 파리: PUF, 1995.

마리-프랑수아즈 뒤랑, 자크 레비, 드니 르타이에, 『세계: 공간과 체계』, 파리: 시앙스포 출판부/달로즈, 1992.

크리스티앙 그라탈루, 『역사의 장소들: 체계적 지리역사학 시론』, 마르세이으: RECLUS, 1996.

제라르 케바비얀, 『세계경제, 새로운 이슈, 새로운 이론』, 파리: 르 쇠이으, 1994.

폴 케네디, 『21세기를 준비한다』, 파리: 오딜 자콥, 1994.

이브 라코스트, 『지정학사전』, 파리: 플라마리옹, 1994.

자키 라이디(감수), 『완화된 세계질서: 냉전 이후의 의미와 힘』, 파리: 시앙스포 출판부, 제2판, 1993.

자크 레비, 『도시를 위한 세계』, 파리: 아셰트, 1996.

샤를-피에르 페기, 『수평과 수직』, 마르세이으: RECLUS, 1996.

람세스, 『경제체계와 전략에 관한 세계 연간 보고서』, 파리: IFRI/뒤노.

올리비에 돌퓌스(Olivier Dollfus)
지리학자. 파리7(드니 디드로)대학교 지리학과 교수.
『세계지리』(RECLUS 간) 제1권『새로운 세계들』중「세계-체계」를
집필했고, 『세계의 새로운 지도』등의 저서가 있다.
아시아, 남아메리카 안데스 지방 등에서 세계화가 지방에 미치는 영향을
분석·연구하고 있고, 환경문제에도 관여하여 에크랭 국립공원 과학위원회
위원장직을 맡고 있다.

최혜란
1956년생. 서울대학교 지리교육과 졸업
프랑스 아미앵 대학 불문과 석사
파리3대학 대학원 불문과 졸업(불문학 박사)
박사학위논문:「소설담론과 의사소통의 문제점 탐구」
현재 전문번역가로 활동.

한울-시앙스포 총서 2
세계화
ⓒ 도서출판 한울, 1998
지은이/올리비에 돌퓌스
옮긴이/최혜란
펴낸이/김종수
펴낸곳/도서출판 한울
편집부장/온현정
편집책임/임희근
편집/최연희
초판 1쇄 인쇄/1998년 6월 15일
초판 1쇄 발행/1998년 6월 25일
주소/120-180 서울시 서대문구 창천동 503-24 휴암빌딩 201호
전화/326-0095(대표)
팩스/333-7543
등록/1980년 3월 13일, 제14-19호
Printed in Korea.
ISBN 89-460-2520-4   94300

* 값은 뒷표지에 적혀 있습니다.